Consultoria em gestão de pessoas

Central de Qualidade — FGV Management
ouvidoria@fgv.br

Publicações FGV Management

SÉRIE GESTÃO DE PESSOAS

Consultoria em gestão de pessoas

2ª edição

Luiz Augusto Mattana da Costa Leite
Iêda Vecchioni Carvalho
João Luiz Carvalho Rocha de Oliveira
Ricardo Henry Dias Rohm

FGV management
FGV EDITORA

ISBN — 978-85-225-0767-2

Direitos desta edição reservados à
EDITORA FGV
Rua Jornalista Orlando Dantas, 37
22231-010 — Rio de Janeiro, RJ — Brasil
Tels.: 0800-021-7777 — 21-3799-4427
Fax: 21-3799-4430
E-mail: editora@fgv.br — pedidoseditora@fgv.br
www.fgv.br/editora

Impresso no Brasil/*Printed in Brazil*

Este livro foi editado segundo as normas do Acordo Ortográfico da Língua Portuguesa, aprovado pelo Decreto Legislativo nº 54, de 18 de abril de 1995, e promulgado pelo Decreto nº 6.583, de 29 de setembro de 2008.

1ª edição — 2005; 1ª reimpressão — 2006; 2ª reimpressão — 2007; 3ª e 4ª reimpressões — 2008; 5ª reimpressão — 2009; 2ª edição — 2009; 1ª e 2ª reimpressões — 2010; 3ª reimpressão — 2011; 4ª e 5ª reimpressões — 2012; 6ª e 7ª reimpressões — 2013; 8ª reimpressão — 2014; 9ª reimpressão — 2015.

Preparação de originais: Sandra Maciel Frank
Editoração eletrônica: FA Editoração Eletrônica
Revisão: Fatima Caroni e Marco Antonio Corrêa
Capa: aspecto:design
Ilustração de capa: André Bethlem

Leite, Luiz Augusto Mattana da Costa
Consultoria em gestão de pessoas / Luiz Augusto Mattana da Costa Leite... [et al.]. — 2. ed. — Rio de Janeiro : Editora FGV, 2009.
144 p. (Gestão de pessoas (FGV Management))

Em colaboração com Iêda Vecchioni Carvalho, João Luiz Carvalho Rocha de Oliveira e Ricardo Henry Dias Rohm.
Inclui bibliografia.

1. Consultoria. 2. Administração de recursos humanos. 3. Desenvolvimento organizacional. I. Carvalho, Iêda Vecchioni. II. Oliveira, João Luiz Carvalho. III. Rohm, Ricardo. IV. Fundação Getulio Vargas. V. Título. VI. Série.

CDD — 658.46

Aos nossos alunos e aos nossos colegas docentes,
que nos levam a pensar e a aperfeiçoar as nossas práticas.

Sumário

Apresentação

Este livro compõe as Publicações FGV Management, programa de educação continuada da Fundação Getulio Vargas (FGV).

Instituição de direito privado com mais de meio século de existência, a FGV vem gerando conhecimento por meio da pesquisa, transmitindo informações e formando habilidades por meio da educação, prestando assistência técnica às organizações e contribuindo para um Brasil sustentável e competitivo no cenário internacional.

A estrutura acadêmica da FGV é composta por oito escolas e institutos: a Escola Brasileira de Administração Pública e de Empresas (Ebape), dirigida pelo professor Flavio Carvalho de Vasconcelos; a Escola de Administração de Empresas de São Paulo (Eaesp), dirigida pela professora Maria Tereza Leme Fleury; a Escola de Pós-Graduação em Economia (EPGE), dirigida pelo professor Renato Fragelli Cardoso; o Centro de Pesquisa e Documentação de História Contemporânea do Brasil (Cpdoc), dirigido pelo professor Celso Castro; a Escola de Direito de São Paulo (Direito GV), dirigida pelo professor Ary Oswaldo Mattos Filho; a Escola de Direito do Rio de Janeiro (Direito Rio), dirigida pelo professor Joaquim Falcão; a Escola de Economia de São Paulo (Eesp), dirigida pelo professor Yoshiaki Nakano; o Instituto Brasileiro de Economia (Ibre), dirigido pelo professor Luiz Guilherme Schymura de Oliveira. São diversas unidades com a marca FGV, trabalhando com a mesma filosofia: gerar e disseminar o conhecimento pelo país.

Dentro de suas áreas específicas de conhecimento, cada escola é responsável pela criação e elaboração dos cursos oferecidos pelo Instituto de Desenvolvimento Educacional (IDE), criado em 2003 com o objetivo de coordenar e gerenciar uma rede de distribuição única para os produtos e serviços educacionais da FGV, por meio de suas escolas. Dirigido pelo professor Clovis de Faro e contando com a direção acadêmica do professor Carlos Osmar Bertero, o IDE engloba o programa FGV Management e sua rede conveniada, distribuída em todo o país (ver www.fgv.br/fgvmanagement), o programa de ensino a distância FGV Online (ver www.fgv.br/fgvonline), a Central de Qualidade e Inteligência de Negócios e o Programa de Cursos In Company. Por meio de seus programas, o IDE desenvolve soluções em educação presencial e a distância e em treinamento corporativo customizado, prestando apoio efetivo à rede FGV, de acordo com os padrões de excelência da instituição.

Este livro representa mais um esforço da FGV em socializar seu aprendizado e suas conquistas. Ele é escrito por professores do FGV Management, profissionais de reconhecida competência acadêmica e prática, o que torna possível atender às demandas do mercado, tendo como suporte sólida fundamentação teórica.

A FGV espera, com mais essa iniciativa, oferecer a estudantes, gestores, técnicos — a todos, enfim, que têm internalizado o conceito de educação continuada, tão relevante nesta era do conhecimento — insumos que, agregados às suas práticas, possam contribuir para sua especialização, atualização e aperfeiçoamento.

Clovis de Faro
Diretor do Instituto de Desenvolvimento Educacional

Ricardo Spinelli de Carvalho
Diretor Executivo do FGV Management

Sylvia Constant Vergara
Coordenadora das Publicações FGV Management

Introdução

Este livro tem por objetivo apresentar os principais conceitos, técnicas e práticas da consultoria em gestão de pessoas, considerando a evolução do mercado, das organizações e a valorização necessária ao quadro funcional e às ações que precisam ser adotadas neste novo cenário.

O livro destina-se a estudantes, profissionais da área e gestores que, de uma maneira geral, a cada dia que passa, percebem ou verificam a necessidade de uma compreensão mais apurada dos aspectos relativos à motivação e à produtividade das pessoas no contexto das empresas.

A consultoria em gestão de pessoas, por se tratar de um tema amplo e, de certa forma, complexo, merece um estudo mais aprofundado e a busca de novas contribuições que possam permear as ações dos profissionais que optam por esta área de atuação.

A diversificação de situações, a competitividade e a aceleração tecnológica mostram-se causas mais do que suficientes para gerar o conceito de atuação em consultoria. A necessidade que os gestores têm atualmente de adquirir um conhecimento mais amplo e, ao mesmo tempo, sobre várias especializações torna mais do que justificado o surgimento e ampliação de atividades nesta área.

Visando a atender a estas necessidades, o livro será apresentado em sete capítulos. O capítulo 1 tem como objetivo mostrar os referenciais originados a partir do cenário atual e o processo evolutivo da consultoria na gestão de pessoas. Apresentará ainda os conceitos, demandas e razões que levam à necessidade de aplicar este modelo de atuação, a fim de contextualizar o leitor sobre o tema.

O capítulo 2 possui como eixo o papel e o perfil do consultor e as modalidades de consultoria que abrangem a sua relação com o cliente, tendo por base os processos de mudança.

No capítulo 3 são analisados os cenários e como o consultor pode vir a contribuir na atividade de gestão de pessoas, com base em uma visão crítica da consultoria interna e da autogestão. Será apresentada ainda, neste capítulo, a importância da questão ética quando se trata da responsabilidade dos profissionais que assim atuam.

O capítulo 4 traz a modelagem da consultoria de performance humana, considerando os princípios que regem esta atuação e o processo desenvolvido de forma a atingir os resultados esperados.

O capítulo 5 trata dos aspectos envolvidos na realização de um projeto de consultoria, desde o levantamento da necessidade até as formas de controle e acompanhamento, incluindo as características e fases do processo.

O capítulo 6 possibilita a você um conhecimento da variedade de oportunidades de consultoria à disposição das organizações em seus diferentes níveis, desde o individual ao da organização.

No capítulo 7 são apresentadas algumas formas de intervenção. Procuramos selecionar aquelas ferramentas que mais são utilizadas pelas organizações e profissionais que já atuam na área de consultoria em gestão de pessoas, dividindo as formas em individuais, grupais, organizacionais e transacionais. Foram identificadas as questões relativas à gestão da mudança, *balance scorecard*, desenvolvimento de equipes e *coaching*.

Ao término do livro serão apresentadas as conclusões.

1 Competitividade e produtividade: a necessidade da mudança planejada e a contribuição da consultoria

Consultoria é um termo utilizado já há muito tempo, mas recentemente percebem-se novas associações e utilizações para esta palavra. Este capítulo pretende trazer a você, leitor, conceitos, referenciais e a própria evolução desta forma de atuação, a fim de poder situá-lo no cenário com que hoje nos deparamos.

O termo consultor, do latim *consultore*, pode ser traduzido como aquele que dá ou pede conselhos. Podemos entendê-lo, ainda, segundo o conceito mais tradicional e conservador, como a função executada pelos religiosos ou, no último século, como a melhor designação para os ocupantes de funções que requerem o desenvolvimento de atividades específicas como, por exemplo, um médico, um advogado ou um contador.

A evolução do contexto e da prática, entretanto, mostra-nos que consultoria passou a ser o modelo encontrado pelas organizações em resposta às necessidades do processo evolutivo da administração, em especial no que se refere à contribuição na gestão de pessoas.

O objetivo de qualquer empresa baseia-se no alcance e na maximização dos resultados esperados, o que a leva a atingir e a manter os índices de produtividade necessários ao crescimento, ao desenvolvimento e à garantia quanto ao seu *market share*. Mesmo na administração pública ou nas organizações do terceiro setor, o alcance das metas estabelecidas traduz-se por uma melhor visualização da imagem da organização, interna e externamente.

Sendo assim, torna-se importante entender qual é o cenário que encontramos em termos mundiais e quais os fatores que originaram as necessidades que desencadearam essa nova tendência de atuação.

Alguns aspectos do cenário atual

A globalização, como geradora de características positivas relacionadas à ampliação de conhecimento e à internacionalização de produtos e serviços, pode ser considerada um fator influenciador da economia. A automatização e o término das fronteiras, no entanto, acabaram por incentivar algumas situações que impactam de forma turbulenta a administração das organizações, em especial os aspectos relativos à gestão de pessoas.

O aumento da complexidade dos negócios e a evolução acelerada das tecnologias levaram as organizações a buscar um novo tipo de atuação e de profissional que consiga somar conhecimento atualizado e aprofundado. Além disso, torna-se fundamental não só o desenvolvimento de um alto nível de percepção que o leve a compreender as necessidades e as características do mercado, dos clientes e da equipe, como também a facilidade para resgatar a criatividade imprescindível à geração de alternativas de solução para as dificuldades e obstáculos que vêm sendo gerados pela competitividade interna e externa.

Aliados a estes fatores, o desemprego estrutural, a instabilidade e a insegurança, entre outros, interferiram na produtividade e na qualidade de vida e de trabalho dos empregados que atuam nas empresas, dificultando a gestão voltada para os macro-objetivos de negócio.

Tendo em vista que tais objetivos traduzem-se principalmente por saúde financeira, penetração de mercado, satisfação dos clientes e dos colaboradores, estes considerados o ponto-chave para o sucesso dos demais, é neste último objetivo que será colocado o foco para a compreensão mais adequada da transição que estamos vivendo e que nos leva, cada vez mais, à valorização da ação e ao desenvolvimento do tema consultoria.

A necessidade de mudança premente — nos processos, nos sistemas organizacionais e na verdade conduzida pelos empregados das organizações — ampliou consideravelmente a importância de um trabalho de consultoria, na medida em que novas formas de gestão e de performance passam a ser exigidas no cenário atual.

A gestão de pessoas, na verdade, tem por origem a área de recursos humanos. Cabe lembrar que esta passou por várias fases, como se pode ver a seguir.

O processo evolutivo da consultoria na gestão de pessoas

A área de recursos humanos iniciou com a configuração representada por um departamento de pessoal, em que eram tratados os assuntos relacionados às rotinas trabalhistas (admissões, rescisões, folha de pagamento, cálculo de férias etc.).

Os empregados eram meros executores de tarefas burocráticas, rotineiras e repetitivas que, longe de terem pouca importância no aspecto do controle e da garantia dos direitos dos trabalhadores e das empresas, não exigiam nenhuma ação em que se pudesse usar a criatividade para a busca de soluções alternativas, já que todas são calcadas em aspectos legais.

Neste sentido, a "consultoria" apenas se aplicava à elaboração de respostas técnicas, lógicas e concretas aos questionamentos efetivados pelos membros do quadro funcional. Perguntas sobre valores de salários, férias e rescisões eram as mais comuns e praticamente não havia a possibilidade de entendimentos ou negociações, já que as respostas eram únicas. Raramente existiam situações nas quais pudesse haver um consenso entre as partes. Assim, os contatos eram frios, racionais e dificultavam o estabelecimento de relações mais afetivas no que tange aos vínculos profissionais.

Posteriormente, a área de recursos humanos assumiu como objetivo a execução de tarefas como recrutamento, seleção, treinamento, desenvolvimento, cargos e salários, entre outras. O sentido técnico das atividades era mais abrangente e necessário, embora continuasse a ser percebido por uma ótica contextual e lógica.

Já se admitia, embora com algumas restrições e resistências, a possibilidade de administrar pessoas com base em orientações advindas de profissionais conhecedores dos assuntos tratados, emissores de opiniões, pareceres e elaboradores de planos que davam suporte à definição das políticas das empresas (por exemplo: plano de cargos e salários), calcados em uma formação acadêmica que valorizava a satisfação e a motivação dos empregados como parte de um processo que levava ao alcance dos resultados de negócio estabelecidos.

Pressões de sindicatos, maior regulamentação das atividades produtivas, a oferta de mão de obra mais qualificada e a incipiente tecnologia já levavam as empresas a assumir um maior grau de profissionalismo.

Segundo Kubr (1980), a atividade de consultoria passou a existir representada por uma pessoa ou grupo que tinha por responsabilidade não só a identificação e a investigação de problemas relacionados à política, organização, procedimentos e métodos, como também a recomendação adequada à resolução dos problemas.

Embora não concretamente ou de forma oficial, já começava a surgir neste momento a concepção da palavra consultoria como um elemento facilitador para as organizações, na medida em que o gestor tomava todas as decisões, mas admitia a hipótese de verificar o que era aconselhado pelo técnico ou pelo especialista no assunto.

Atualmente, após uma longa fase de transição, as atividades de consultoria são encaradas como ações estratégicas que permitem aos gestores visualizar caminhos que os levem a administrar suas áreas de trabalho de forma mais eficaz. Por serem agentes possuidores do *know-how* necessário ao aconselhamento técnico e relacional, além de necessariamente terem de adquirir o conhecimento organizacional, entendem que esta forma de atuação muito poderá agregar às suas atribuições relativas à gestão de pessoas, a partir do momento em que o foco não está mais nos resultados somente, mas na forma como esses são atingidos e superados por meio de uma outra forma de gerenciamento das pessoas envolvidas.

Segundo Vergara (2007), "gestores/líderes devem mostrar-se hábeis para conduzir processos multidisciplinares e deles participar, visto que demandam poder de abstração, análise e síntese", o que reforça a necessidade de ações de desenvolvimento que contribuam para o alcance destas novas competências gerenciais.

O surgimento da qualidade total, com seus conceitos de clientes e fornecedores internos, assim como os adventos das automatizações e terceirizações também reforçaram essa mudança, cujos aspectos operacionais ou táticos necessariamente precisaram transformar-se em estratégicos.

Se, no passado, todas as tarefas e práticas relativas à gestão de pessoas eram de responsabilidade da área de recursos humanos, uma nova concepção surge levando os gestores a terem maior autonomia na tomada de decisão e nas próprias ações na administração de seus colaboradores.

Neste novo contexto, o gestor de resultados e de pessoas precisa cuidar não só do alcance dos objetivos da área sob sua responsabilidade, como também da produtividade e satisfação de sua equipe.

Atualmente existem programas e métodos que permitem identificar quanto a motivação e os resultados dos empregados são atingidos (pesquisas de clima, avaliação 360º etc.). Portanto, a opinião, o sentimento e a atuação das respectivas chefias, dos subordinados, pares, clientes e fornecedores já são percebidos como elementos prioritários e fundamentais para a administração das empresas, o que caracteriza mais uma vez a preocupação do gestor quanto a seu papel.

A busca por algo ou alguém que possua a formação e experiências necessárias e que possa ajudar os gestores neste compromisso passa a ser uma constante. É neste contexto que surge o consultor, interno ou externo, como veremos no próximo capítulo, que adota uma postura de agregador de conhecimentos na área do comportamento e de alguém que, por experiência, deverá ter a percepção necessária à identificação de fatores que estejam influenciando a situação vigente.

Consultoria: conceitos e contextos

Podemos concluir, por ora, que consultoria em gestão de pessoas não é apenas uma técnica, uma atividade, um cargo ou função, mas um novo recurso que contribui para a melhoria da qualidade de vida e de trabalho da equipe de empregados de uma organização. Seu cliente principal é todo aquele que precisa atuar com gestão de pessoas para alcançar os objetivos sob sua responsabilidade.

Lidar adequadamente com as novas realidades, tecnologias, exigências, satisfações, insatisfações, produtividade, entre outros aspectos fundamentais ao crescimento organizacional, é o ponto crucial tratado pelo poder decisório das empresas. A necessidade de atingir resultados de negócio pode ser suprida (ao menos em parte) pela atividade de consultoria, na medida em que esta é utilizada para reduzir os riscos e maximizar as oportunidades que levam ao alcance desses resultados.

Já consideramos a mudança parte integrante de qualquer estratégia de negócio. A identificação de que tipos de mudanças e de que maneira estas serão implementadas constitui fator importante quando tratamos de soluções organizacionais.

A mudança organizacional deve ser planejada. Embora os planejamentos estratégicos hoje em dia recebam influência da aceleração do cenário externo e, por isso, revelem grandes dificuldades de comprometimento com ações a médio e longo prazos, não se pode deixar de atentar para o fato de que o comportamento visionário é importante, mas a estruturação e o planejamento das ações não podem ser considerados de menor valia.

Variáveis como a cultura da organização e o clima dominante podem ser consideradas parâmetros para que seja identificado o grau de necessidade da mudança. A conscientização da cúpula decisória e dos gestores nas empresas não é fácil. Ao contrário, revela-se um grande desafio que, na maioria das vezes, constitui-se na principal atividade daqueles que assumem um papel de consultor.

Identificar e trabalhar os sintomas existentes em qualquer situação organizacional é simples e rápido. Usá-los como base para chegar às verdadeiras causas dos problemas, a fim de eliminar os obstáculos em sua essência e de torná-los visíveis ao poder decisório, é que constitui a chave da questão.

É preciso, portanto, um grande conhecimento do negócio e dos objetivos estabelecidos para que se possa agir, pensar e orientar com relativa facilidade e com índices baixos de aconselhamentos inadequados.

A grande vantagem do consultor consiste na busca da imparcialidade de sua visão e de suas respostas e orientações. Suas intervenções tornam-se mais eficazes à medida que seu papel não exige uma atuação direta sobre o problema ou sobre o fato, mas a identificação de situações, fatos e sentimentos com a maior abrangência possível, o que permite a consolidação da visão e a adoção de ações mais eficazes.

Entendemos que este é um dos grandes riscos para quem assume a função de consultor. Devemos considerar a inquietação e até a dificuldade de não poder ter o prazer de implementar as suas orientações, já que cabe ao gestor o controle direto das ações, a implantação das mudanças ou a execução dos processos.

Por outro lado, o gestor é o grande responsável pelas ações e decisões que interferem diretamente em sua equipe e em sua área de trabalho. Os resultados positivos ou negativos são contemplados e reconhecidos ou punidos em função do que é esperado pela organização. Projetos relativos à promoção, encarreiramento, premiação, entre outros, focam seus objetivos nos resultados apresentados, o que leva o gestor a buscar entender e a valorizar cada vez mais as ações que lhes são apresentadas por outros profissionais, sobretudo aqueles que são especialistas no assunto e praticam esta função como atividade principal.

Neste contexto, várias oportunidades vêm surgindo para aqueles que atuam como consultores. O próximo item lhe permitirá uma melhor compreensão sobre as necessidades que estão aparecendo nas organizações e sobre como podemos proceder diante de cada uma delas.

Consultoria: demandas e razões

Existem várias formas de trabalhar em consultoria. A primeira encontra-se na atividade interna ou externa. Considera-se o trabalho interno como o realizado para clientes da própria empresa onde trabalha o consultor, e externo quando este atende a várias empresas sem ter qualquer vínculo empregatício com nenhuma delas.

A segunda forma refere-se à área de atuação. Embora todo consultor deva possuir um conhecimento amplo e genérico sobre os comportamentos organizacionais, no que tange ao ambiente interno (clima, cultura, filosofia etc.) e ao ambiente externo (variáveis ambientais, econômicas, mercado, cenário etc.), é imprescindível e fundamental o conhecimento técnico e especializado na área de sua formação.

A terceira forma é relativa a todos os tipos de aconselhamento ou intervenção que um consultor pode efetivar, ou seja, compreende a abrangência de sua atuação.

Considerando estas formas, que serão devidamente exploradas ao longo deste livro, podemos perceber que a consultoria na área de gestão de pessoas é bastante ampla e desafiadora. Considerando-se que características tais como a intuição e a criatividade devem ser valorizadas, a responsabilidade do consultor passa a envolver aspectos não só relativos ao âmbito organizacional, como também aqueles que se referem à necessidade do estabelecimento de uma maior sensibilidade, empatia e eficácia nos processos de comunicação, de forma a contemplar este foco intangível, subjetivo e abstrato, presente no cenário atual.

A necessidade de apresentar resultados concretos e mensuráveis é fato, mas deve haver também a habilidade em mostrar os impactos daquilo que não conseguimos transformar em dados palpáveis.

O consultor em gestão de pessoas deve, portanto, obrigatoriamente, analisar seu perfil e verificar sua adequação a esta função, no sentido de visualizar até que ponto ele se enquadra na necessidade ampla e genérica de sua atuação.

Sendo assim, estabelecemos como objetivo deste livro relacionar, ao menos, as principais demandas que surgem nas empresas neste aspecto e quais as razões que levam os gestores a procurar a consultoria como uma forma de ampliar sua eficácia e potencial de liderança, de maneira a levá-los ao alcance de seus resultados de uma forma mais consistente e flexível. Acreditamos que, ao verificar estes pontos, a compreensão sobre a função de consultoria possa se tornar mais visível.

Processos e atividades relacionadas à área de gestão de pessoas

Como citado, na era atual existe um maior respeito pelos pareceres e decisões aconselhadas pelos consultores responsáveis pela negociação ou apresentação de processos técnicos.

Nestes casos enquadram-se, por exemplo, os pareceres sobre candidatos à admissão nas empresas. A utilização de instrumentos específicos, a vivência adquirida e a percepção mais apurada, aliadas a um entendimento próximo das características da empresa, da área, da chefia imediata e da equipe onde estará lotado o candidato ao cargo cuja vaga está em aberto, tornam as recomendações mais confiáveis e aceitas.

As ações de reconhecimento e recompensa, mais conhecidas como planos de cargos e salários ou programas de remuneração variável, ou ainda os programas de bônus ou de premiação constituem outro exemplo do âmbito dos processos. A partir do momento em que estes são elaborados com base em pesquisas, averiguações, conhecimento técnico e informações genéricas e específicas sobre a empresa e sobre o mercado em que atua, aumenta consideravelmente a probabilidade de contribuir para a atração, desenvolvimento e retenção dos talentos com base em programas justos e em linha com o mercado.

As análises, os resultados e as orientações relativos às pesquisas de satisfação de clientes internos ou às pesquisas de clima organizacional também se encontram enquadrados nos processos e nas atividades relativas à gestão de pessoas. As observações realizadas a partir dos dados subliminares, características dos profissionais que atuam com pessoas, enriquecem e favorecem consideravelmente os diagnósticos e a determinação dos objetivos e das ações que devem ser implantadas nas empresas.

Identificação de necessidades e ações no campo do desenvolvimento

Este é considerado um outro ponto relevante na função de consultoria. A coerência na identificação da situação existente e das necessidades decorrentes do retrato atual conduz a uma elaboração ou coordenação de programas mais compatíveis com a superação das lacunas que se apresentam entre a realidade técnica, organizacional e comportamental das áreas de trabalho e a situação ideal que as levará ao alcance dos resultados.

É muito comum o gestor perceber as inconsistências ou necessidades relativas às tarefas desenvolvidas por sua equipe, mas não raro é solicitada a ajuda do consultor para identificar o que mais pode estar gerando os desvios ou falhas nos processos.

Diagnósticos organizacionais em gestão de pessoas

Esta é a tarefa mais desafiante para o consultor. Muitas vezes as equipes de trabalho apresentam problemas, dificuldades ou insatisfações, cujas causas não são identificadas ou são identificadas erroneamente pelo respectivo gestor. Ainda nestes casos, por falhas de diagnóstico, ações são implantadas e trazem resultados inconsistentes ou até agravam a situação do grupo.

Neste contexto, a atuação do consultor é fundamental, já que seu olhar crítico, generalista e imparcial permite a descoberta de pontos que passam despercebidos ou são tidos (consciente ou inconscientemente) como verdadeiras ameaças pelo gestor da área, o que o faz ignorá-los ou rejeitá-los. Embora seja a consultoria solicitada pela própria área ou pelo poder decisório da empresa, não se pode esquecer a resistência à mudança ou a situações incômodas, natural no ser humano. O grande trabalho do consultor, portanto, consiste não só em saber especificar a origem dos problemas, como também lidar com os comportamentos adversos das pessoas envolvidas.

Como se pode observar, a tarefa não é fácil. O conceito é amplo, abrangente e diversificado. Os cenários econômico, político e social em que estamos inseridos, assim como a tecnologia, passam por profundas transformações e evoluem constantemente. As demandas e as necessidades das organizações são cada vez mais variadas e exigem do consultor não só um olhar bastante sensível e crítico das situações, como também a busca contínua de uma imparcialidade que o ajudará em seus diagnósticos e aconselhamentos.

Tudo isso pode levar você, leitor, a perceber a importância da consultoria em gestão de pessoas, no contexto atual, e o quanto esta função pode contribuir para o crescimento ou mesmo para a sobrevivência das organizações. Somente a percepção da necessidade de mudança e o planejamento adequado das ações decorrentes destas poderão levar as empresas a tornarem-se produtivas e competitivas no mercado atual.

O próximo capítulo abordará, de forma mais específica, como ocorrem estas relações entre consultores e clientes, trazendo à luz alguns aspectos sobre as competências que devem compor o perfil do consultor e o seu papel no mundo organizacional.

2

O consultor: papel, perfil e relação com o cliente

Uma vez que a consultoria em gestão de pessoas, em grande perspectiva, trata de uma intervenção planejada e cuidadosa não só na organização, como também em processos de mudança que afetam diretamente os indivíduos, os grupos humanos e a própria coletividade, desenvolveremos, neste capítulo, algumas reflexões pertinentes ao papel do consultor, à sua relação com o cliente e ao seu perfil profissional.

As especificidades dos processos de mudança e o papel do consultor

As ciências do comportamento têm demonstrado, nas últimas décadas, mediante estudos e pesquisas nos mais diversificados ambientes organizacionais, a complexidade e os desafios referentes aos processos de mudança. Diferentes aspectos culturais, políticos, sociais e psicológicos atravessam e determinam as maneiras pelas quais as pessoas conseguem mudar suas atitudes e comportamentos no mundo do trabalho.

Sabemos, por exemplo, que existe resistência emocional do sujeito diante das novidades que se apresentam a ele, quer sejam novas possibilidades de relacionamento, ambientes ou desafios novos no trabalho, quer seja a tomada de consciência e, portanto, o amadurecimento que ele experimenta diante da aprendizagem que a vida cotidiana lhe oferece. E você poderá questionar-se acerca das razões para tal resistência.

Em primeiro lugar, precisamos clarificar que as sensações de insegurança experimentadas pelo sujeito diante de mudanças e de desafios são absolutamente comuns e mesmo necessárias para a aprendizagem de novos valores e conceitos. Superar a angústia inicial e permitir-se alguma iniciativa constituem duas condições iniciais para o sucesso nos processos de mudança.

Em segundo lugar, uma pessoa costuma lidar com as dificuldades e desafios de seu dia a dia mediante um repertório de comportamentos já aprendidos e praticados no passado, o que lhe possibilita a perspectiva duvidosa de futuro sucesso nos novos empreendimentos, nas aventuras e diante das novidades que se lhe avizinhem.

O que podemos, todavia, observar é que as situações efetivamente novas, diferentes, às vezes surpreendentes ou mesmo ameaçadoras diante dos olhos do sujeito costumam provocar um nível mais elevado de tensão psicológica, o que dificulta sua iniciativa para aprender com a nova situação e focaliza sua motivação para a rejeição e para a resistência diante da mudança que se anuncia.

Assim, a instabilidade emocional experimentada pelo sujeito dificulta a plena utilização de suas competências para seu próprio desenvolvimento pessoal e profissional. Sabemos também que algumas mudanças de caráter mais radical, alterações mais profundas, podem requerer um processo de aprendizagem muito mais longo e intenso.

Em terceiro lugar, devemos também atentar para o fato de que as pessoas têm histórias pessoais muito diferentes. Têm personalidades diversas e apresentam, no caso mais específico das organizações, graus de envolvimento, de comprometimento e interesses bastante diversos, mesmo quando se encontram em um mesmo setor, departamento ou grupo de trabalho de uma mesma empresa.

Devido a estas peculiaridades de cunho mais psicológico e político, no sentido das expectativas de remuneração, de valorização profissional e sobretudo de carreira dos diferentes empregados de uma determinada organização, você certamente perceberá quão delicada e complexa se torna a relação consultor-cliente.

As experiências pregressas dos sujeitos, consideradas as frequências de sucessos e de fracassos assim percebidos, poderão determinar a velocidade com a qual um sujeito atravessa todo um processo de mudança, desenvolvendo-se, assim como poderão circunscrever, em alguns casos, as condições que impossibilitarão sua adaptação à nova situação, seu suposto e esperado desenvolvimento.

Além disso, a própria experiência profissional dos indivíduos e o histórico organizacional referente às formas pelas quais as mudanças ocorrem são geridos e implementados em determinada cultura organizacional. Tais fatores influenciarão bastante a facilidade com que se lida com as mudanças ou mesmo o limite e o agravamento das resistências.

Considerada a rede de fatores principais que afetam a questão da mudança, certamente você compreenderá com clareza quando dissermos que as diversas lideranças de uma organização apresentam papel crucial para o acompanhamento de suas equipes durante os processos de consultoria. Perceberá também que tais formadores de opinião, multiplicadores de valores e de novos conceitos deverão merecer tratamento especial por parte do consultor.

O consultor é um ser humano possuidor de história de vida, com limites e possibilidades como qualquer outro ser humano, devendo, todavia, desenvolver, de maneira aguçada e criteriosa, uma série de competências interpessoais e conceituais, métodos e técnicas científicos, para uma atuação eficaz e efetiva neste papel tão importante para os processos de mudança organizacionais.

Finalmente, você deverá atentar para o fato de que a mudança no âmbito individual seguirá seu ritmo próprio, seus limites e possibilidades de amadurecimento, assim como a mudança no domínio dos grupos e das coletividades encontrará especificidades próprias.

Destacamos a pressão social exercida pelos formadores de opinião, pelos líderes de um modo geral e pelos próprios pares do indivíduo no sentido de provocar a assimilação mais acelerada dos novos conceitos, atitudes, procedimentos ou normas.

Importante também é a busca por aceitação social que parece caracterizar boa parcela dos comportamentos coletivos, já que o indivíduo tenderá para a aprendizagem social do novo para sentir-se aceito, valorizado, benquisto. Buscará celebrar parcerias e coalizões e, nos casos mais organizados e estratégicos do poder, participar de grupos de interesse de lobistas, fazendo prevalecer seus interesses, seus valores e preferências.

Todas essas especificidades deverão ser levadas em conta quando do planejamento, da implementação, da avaliação de projetos de consultoria, bem como no relacionamento consultor-cliente na esfera cotidiana, no passo a passo desta relação tão importante para ambos.

Consideradas as reflexões que realizamos até aqui, você poderá se perguntar agora: qual será o papel do consultor em gestão de pessoas perante os desafios e oportunidades que a organização apresenta?

O papel do consultor

Embora possam existir diferenças de abordagem ou mesmo de priorização das funções exercidas pelo consultor, segundo as perspectivas adotadas por pensadores das ciências sociais e por consultores de diferentes países, entendemos que existe um núcleo fundamental neste papel.

O consultor deve ser, acima de tudo, um facilitador dos processos de mudança, aqui compreendidos como altamente necessários e simultaneamente desejados por determinada organização, mediante o comprometimento produzido com seus dirigentes, líderes, formadores de opinião e, mais particularmente, com os profissionais de gestão de pessoas, parceiros neste desafio.

Gostaríamos de esclarecer que o consultor também pode prestar serviços mais técnicos, apresentando e implementando conteúdos, processos e tecnologias na esfera da gestão de pessoas. Tal é o caso, por exemplo, da contratação de um consultor para a elaboração de um plano de cargos ou mesmo de uma pesquisa salarial específica.

Assim, os conhecimentos, as competências e o incentivo permanente rumo ao aperfeiçoamento e à maturidade dos empregados de determinada organização constituem os meios pelos quais uma postura de apoio realmente transformadora, compreensiva e assertiva deve fundamentar cada abordagem, cada ação, cada reunião e cada encontro intermediados pelo consultor.

Considerando o fato de que os empregados de determinada organização encontram-se progressivamente focados em suas atividades, no aperfeiçoamento de seus conhecimentos, no cumprimento de metas e prazos e na obtenção de resultados crescentemente desafiadores, certo é que sua energia mostra-se canalizada quase exclusivamente para as questões e problemas do dia a dia.

É exatamente neste contexto de limites e de possibilidades que o papel catalisador, incentivador de talentos e de interações mais criativas e mais produtivas entre os empregados de determinada organização deverá ser desempenhado pelo consultor como sua grande prioridade, sua especificidade mesma.

Também existem algumas intervenções de consultoria em gestão de pessoas que são prescritivas, além de catalíticas, e cabe ao cliente a decisão final. Um exemplo interessante se refere à situação em que um preceito legal não esteja sendo obedecido, gerando riscos, ou em que um cliente tenha extrema dificuldade em entender a necessidade de certa postura. Caberá ao consultor alertar seu cliente e orientá-lo objetivamente.

Afinal, a antevisão das complementaridades possíveis e desejáveis entre potenciais empregados, dos alinhamentos entre seus talentos, em diversos níveis e articulações, tanto na estrutura quanto nos processos organizacionais, pautará uma ação desenvolvimentista e integradora do profissional consultor.

Fundamental é que você se dê conta de que um diálogo permanente com o consultor sobre o desempenho estratégico deste papel catalisador e educacional, que estamos abordando, estabelece um referencial crítico, analítico e, ao mesmo tempo, estimulante para os processos de gestão de pessoas a serem implementados pelos profissionais desta seara de especialistas da organização.

Em síntese, quando refletimos acerca da complexidade dos processos de aprendizagem social nas coletividades humanas, devido às múltiplas variáveis psicológicas, políticas e mesmo culturais imbricadas na questão das mudanças, desejávamos apontar para a relevância estratégica da existência de um *outro*, de um cúmplice e parceiro, de um ouvinte e de um estímulo, como condição necessária para a consolidação de mudanças de qualidade.

O leitor deverá compreender que o consultor, nesta perspectiva e abordagem que defendemos, não se confunde, portanto, com quaisquer terceirizações de determinados serviços ou assistências técnicas específicas, e sim se apresenta como uma função educativa e de gestão, estratégica e bem mais ampla do que poderia parecer à primeira vista.

Nesta perspectiva, não vemos como consultores, por exemplo, um sujeito com quem terceirizamos a folha de pagamento, ou um determinado banco que assume um plano médico, um seguro-saúde para os empregados de determinada organização ou, ainda, os processos eletrônicos de recrutamento e seleção de pessoas adquiridos no mercado.

O mesmo raciocínio aplica-se a boa parcela de fornecedores de treinamento. Se, porventura, compramos um curso, um tipo de *e-learning* sobre como trabalhar em PowerPoint, não poderemos dizer que o fornecedor deste serviço seja propriamente um consultor.

Já discorremos sobre mudanças capazes de atender às expectativas de determinada organização, consideradas sua missão, estratégias e resultados almejados, ao mesmo tempo que possam viabilizar o desenvolvimento da autorrealização de seus empregados. Desenhamos o papel do consultor e a magnitude de sua responsabilidade rumo à consultoria de excelência. Para tanto, faz-se mister a construção de uma excelente relação consultor-cliente, cujas qualidades merecerão as reflexões que se seguem.

A relação consultor-cliente

Inicialmente, é importante esclarecer ao leitor que um consultor não é nem deveria ser um decisor da organização-cliente, isto é, ele não toma decisões no lugar dos líderes, dos dirigentes da organização. Ele estuda a organização, analisa-a, apresenta sugestões e cursos alternativos de ação para os desafios e para as oportunidades que esta organização vislumbra ou vivencia; aconselha seus empregados se solicitado, mas não cabe ao consultor a tomada de decisões.

Assim, a construção da relação consultor-cliente tem peculiaridades muito interessantes e, ao mesmo tempo, essenciais ao bom e produtivo andamento desta parceria. Se o consultor representa um papel tão crucial nos processos de mudança e, mais especificamente, nos processos de educação corporativa, concepção e apoio à implementação de políticas de gestão de talentos, devemos ressaltar que um vínculo de qualidade ética deve ser cuidadosamente construído.

Passemos à análise das referidas peculiaridades.

A primeira peculiaridade desta parceria é a questão da confiança mútua, pedra de toque de uma relação tão importante. E aqui não estamos apenas preocupados com antecedentes profissionais, referências anteriores ou currículos exaustivos.

Estamos preocupados, sobretudo, com a inspiração e a conquista de uma relação de confiança mútua, a qual deve estar pautada em demonstrações de simpatia, de respeito e interesse pela realidade do cliente, curiosidade interessada, mas comedida, com relação às suas queixas e angústias, uma aproximação cordial e sincera nas abordagens, nunca negligenciando a firmeza e a continuidade do vínculo de compromisso, mediante a humildade para aprender com ele, ao mesmo tempo que exerça a assertividade nas colocações mais técnicas e nos aconselhamentos que fortaleçam a confiança das boas relações.

Interessante é que você note que tal credibilidade tem de ser mesmo mútua, pois falamos que o consultor deve ter credibilidade e não podemos nos esquecer de que também precisa sentir a mesma coisa no que se refere ao cliente.

Deve sentir apoio, receptividade e confiança deste cliente com quem celebra uma parceria muito especial. Só assim poderá entender as eventuais agendas subliminares, os segredos e as reais intenções do cliente, aspectos muito presentes na maioria dos casos. A mão dupla é verdadeiramente para os dois!

É importante que você compreenda que uma certa desconfiança e resistência iniciais estão previstas pelos estudiosos da psicologia social e da sociologia das organizações. Existe a possibilidade de o consultor provocar mudanças inicialmente desconhecidas em sua magnitude e profundidade, indesejáveis para alguns empregados da organização, aspecto que acaba por provocar a imaginação de muitas pessoas, evocar fantasias de perda de poder, de descontrole sobre processos e pessoas, de insegurança profissional, de possíveis perseguições pessoais e até mesmo de denúncia de incompetências ou eventuais falhas de desempenho de determinados empregados, entre outras.

Embora saibamos que as inseguranças acontecem normalmente, uma dica para consultor e cliente refere-se à importância de um eficaz processo prévio de comunicação interna que explicite as características da mudança. Algumas consultorias trabalham com uma pesquisa de prontidão para a mudança, por meio da qual procuram identificar e trabalhar as resistências mais especialmente localizadas e assim dimensionadas.

Afora a resistência inicial vivenciada pelo cliente, também existe a dificuldade igualmente problemática, a ser ultrapassada pelo próprio consultor, no gradual processo de conquista da confiança das pessoas, não só pela necessidade de obtenção de pareceres, informações e dados confiáveis e verossímeis, como também pela capital relevância do envolvimento e, posteriormente, do comprometimento dos profissionais com as mudanças eventualmente propostas ao longo da parceria.

Em alguns casos, não tão raros, profissionais especialistas em gestão de pessoas poderão sentir-se especialmente ameaçados pela presença ou mesmo pelo crescimento e ascensão política de determinado consultor no seio da organização, o que caracteriza mais uma faceta do peculiar desafio de conquistar uma parceria proativa e efetiva para o sucesso do processo de consultoria.

Queremos chamar a sua atenção para a questão crucial da confidencialidade dos dados e das conversas realizadas, ensejando seu uso criterioso e ético para a saúde da relação consultor-cliente e para o próprio sucesso da consultoria no que se refere à validade, precisão e utilidade das conclusões e propostas levadas a efeito.

Isso é especialmente importante, na consultoria interna, dentro de um ambiente por natureza mais propício a vazamentos de informação e a estruturas informais, ainda mais no Brasil, com nossa cultura relacional.

Lembre-se o leitor de que nossa sociedade se mostra bastante atravessada não só por valores e práticas sociais específicos de uma tradição mais autoritária, ora mais paternalista, ora mais populista nos estilos de gestão, como também pela predominância de uma hierarquia de classes, de castas, de corporativismos, de fisiologismos, entre outros. Sociedade na qual os vínculos, as preferências e as supostas lealdades pessoais suplantam, em inúmeros casos e momentos da vida social, o posicionamento mais profissional de caráter mais técnico e subordinam muitas prerrogativas da cidadania às relações de natureza mais pessoal.

Afinal, diferentes interlocutores poderão ser contemplados na relação consultor-cliente, vários representantes da organização poderão tomar parte nesta grande parceria, em diversos níveis hierárquicos, e com diferentes influências políticas nos processos de decisão da corporação.

Neste caso, torna-se crucial a sabedoria ao escutar, ao ouvir as pessoas de maneira respeitosa e bastante imparcial, sendo cuidadoso nas colocações, sobretudo quando ocorre democratização de atitudes, opiniões ou críticas entre empregados.

Desejamos observar que as organizações têm culturas, porte e estratégias diferenciados, o que faz com que a construção de uma equipe de apoio dentro da organização, denominada *equipe de interface*, constituída por membros interessados e qualificados para os levantamentos, facilitação dos acessos aos dados, juízo crítico inicial das conclusões e propostas do consultor, bem como a validação destes conteúdos, possa colaborar, de maneira decisiva e qualitativa, para o processo de consultoria.

Tratamos neste momento, em verdade, de uma relação consultor-cliente que compreende uma equipe especial de empregados selecionados em conjunto com os dirigentes da organização-cliente, fortalecendo o processo de consultoria, quanto a sua eficiência, eficácia e efetividade, ao mesmo tempo que maximiza a legitimidade e a adequação das conclusões e propostas produzidas, no seio desta mesma relação, a partir dos estímulos eliciados pelo consultor.

Desejamos destacar com isso que a relação consultor-cliente poderá ocorrer ao longo de uma linha contínua, ou mesmo intermitente de tempo, a partir da celebração interpessoal com diferentes empregados, interlocutores, conforme as características do projeto de consultoria, sua abrangência, porte e objetivos estratégicos.

Assim ocorre, por exemplo, a realização de consultorias de tipo um a um, quando um consultor atende e orienta um específico sujeito. Também pode existir o caso em que o cliente é uma equipe inteira atendida por um consultor, como nos projetos de desenvolvimento de equipes.

Evidente é que, sempre que possível, é desejável a manutenção de contatos e deliberações com aqueles dirigentes mais constantes e presentes ao longo da parceria, não apenas para a eficácia dos trabalhos como para a facilitação da implementação de mudanças ulteriores. Tal é, também, o caso de identificarmos os chamados patrocinadores, elementos influentes nos processos decisórios organizacionais, potenciais aliados na implementação de projetos de consultoria.

Aqui a reflexão atinge um aspecto essencial da relação consultor-cliente, qual seja, sua temporalidade determinada, sua duração prevista e definida. Em que pese ao fato de que é muito comum a prorrogação de contratos e, portanto, da relação consultor-cliente, devido ao aprimoramento dos trabalhos, ulterior implementação de planos, de propostas e da inclusão de novas tarefas ou objetivos àqueles inicialmente contratados, a verdade é que tal parceria já começa sabendo-se temporária.

Às vezes provisória, em outros casos a relação consultor-cliente tem seus prazos restritos à realização de determinados projetos, com equipes matricialmente organizadas, cuja dispersão pode se dar logo após a consecução dos objetivos determinados previamente.

Uma característica implícita nesta temporalidade determinada, para além de eventuais limites de custos, de investimentos por parte do cliente, refere-se notadamente à percepção de que determinado cenário deve ser estudado e compreendido, propostas devem ser ponderadas e mudanças necessárias deverão ser implementadas a partir dos prazos acertados.

Tal percepção por parte do cliente e do consultor, nesta relação de parceria e cumplicidade, estimula um compromisso, um desejo mútuo de realmente fazer as coisas acontecerem com sucesso e qualidade, mas que elas sejam viáveis, exequíveis e reais. Que passem do plano dos desejos para a realidade das práticas gerenciais. Tal peculiaridade parece-nos essencial à gestão de pessoas, especialmente por tratar-se do pilar fundamental para a missão da organização, em busca de sua própria superação, rumo à organização de aprendizagem de excelência.

Finalmente, devemos destacar que um processo de consultoria de excelência, viabilizado por uma relação consultor-cliente de qualidade, não produz um adequado fechamento desta relação sem um acompanhamento posterior das mudanças eventualmente implementadas pela organização.

Tal *follow-up*, como muitos consultores de inspiração norte-americana gostam de se referir a esta etapa da parceria consultor-cliente, mostra-se essencial à consolidação dos trabalhos realizados, à prospecção de novas necessidades e também à autoavaliação do próprio consultor. Costuma ser realizado por meio de encontros previamente agendados, reuniões ou *workshops*, semanas ou meses após o término oficial do contrato e da prestação dos serviços de consultoria.

Passaremos, em seguida, à reflexão acerca das modalidades de consultoria, abordagens pelas quais os processos de mudança planejada poderão efetivar-se nas organizações.

Modalidades de consultoria

É comum na literatura de gestão a distinção entre duas modalidades de consultoria: interna e externa.

Entendemos por consultoria interna o conjunto de atividades desempenhadas pelo profissional que faz parte do quadro efetivo de empregados da organização. Ele mantém, portanto, um vínculo empregatício com a organização, ainda que tal posição ou cargo na arquitetura existente mostre-se terceirizado.

É fundamental perceber que a duração do vínculo é indeterminada, que esta relação é intrínseca aos processos organizacionais e que tal profissional recebe como importantes os efeitos dos pressupostos e valores culturais presentes na organização. Ainda que possa gozar de certa autonomia ou relativa independência funcional, no que se refere à subordinação hierárquica, condição necessária ao distanciamento crítico que deve pautar a ação de qualquer consultor, o interno pertence, direta ou indiretamente, aos quadros da organização.

Tal modalidade de consultoria representa um grande avanço nos modelos tradicionais de gestão corporativa, no sentido de poder reservar um papel especial ao profissional de gestão de pessoas como inspiração para a aprendizagem contínua da organização em sua totalidade.

A consultoria interna denota a visão estratégica de que é preciso transformar desafios em oportunidades, aprender a aprender e incorporar competências necessárias ao desenvolvimento da excelência nos processos de gestão.

A presença do olhar crítico e estimulante nos quadros da própria organização, deste *outro*, significa a adoção de uma filosofia de gestão mais flexibilizada e essencialmente estratégica rumo ao sucesso dos negócios.

O exercício da consultoria interna tem algumas peculiaridades que podem interessar a você, leitor. A primeira é a dualidade especialista/generalista. Temos observado uma dificuldade dos profissionais consultores internos, no sentido de exercerem um papel mais generalista, próprio à isenção desejável de um consultor, por conta de serem muitas vezes percebidos pelos dirigentes das organizações como meros processualistas de rotinas de pessoal, algumas até mesmo informatizadas e tidas como bastante modernas.

Trabalhar para a conquista de uma posição especial na qual ele possa atuar em projetos e não em processos constitui grande desafio para a consultoria interna. Muitas vezes, tal posicionamento estratégico pode ser facilitado pela parceria com a consultoria externa de caráter temporário, mediante transferência de tecnologias e do próprio desenvolvimento do perfil do consultor interno.

A segunda é o próprio aspecto estrutural, seja da arquitetura da organização, seja de seu leiaute: às vezes, o consultor interno é alocado em determinado nível da estrutura ou mesmo em determinado local físico, que, juntos ou separados, obstaculizam o desempenho do trabalho do consultor interno. Outras vezes, o consultor interno acaba por desempenhar atividades ou por desenvolver pequenos projetos apenas relacionados às demandas que conseguem chegar até sua área, sua posição hierárquica ou seu local físico de trabalho, o que também compromete uma atuação mais global, mais estratégica. Outras vezes, exerce seu papel conforme demandas que chegam à sua área e, aí sim, trabalha mais em projetos do que em processos.

Como consequência, pode ocorrer um terceiro cenário, potencial gerador de conflitos de lealdade entre o que uma parte quer (cliente localizado) e o que o todo pode absorver (a organização, suas políticas e normas). Temos aí uma questão de poder.

Devemos dizer-lhe, leitor, que é mais comum do que você possa imaginar a grande distância existente entre o que uma organização supostamente prescreve, quando do desenho do cargo e da contratação do consultor interno, e o mundo dos conflitos e recursos de poder reais de que este conseguirá se investir para dar conta do recado.

Não raras vezes poderemos concluir, por conseguinte, que faz parte do próprio processo de crescimento e de amadurecimento organizacional essa fase de transição durante a qual determinada demanda é superficialmente consciente, embora não suficientemente amadurecida, para a adoção de uma solução dotada dos recursos necessários para a sua efetiva e bem-sucedida implementação.

A outra modalidade de consultoria existente intitula-se consultoria externa em gestão de pessoas. A adjetivação externa refere-se ao fato de que a relação consultor-cliente tem prazo determinado de duração e o profissional não pertence aos quadros, não mantém nenhum vínculo empregatício formal, nem subordinação funcional aos dirigentes existentes. Trata-se, a rigor, de um tipo de parceria, como vínhamos discutindo anteriormente.

A ideia da consultoria externa se fortalece a partir de um aspecto fundamental: o fato de que a energia do cliente costuma estar concentrada nas atividades nucleares do negócio, em seus processos e desafios imediatos, bem como em suas tecnologias. Os profissionais e dirigentes encontrar-se-iam, neste sentido, ocupados e preocupados com as questões essenciais do negócio.

Costumam também ocorrer situações em que o cliente não tem a competência requerida, ou o tempo para fazer o projeto, ou ainda ele julga politicamente importante ter alguém de fora como apoio ou isenção, uma certa "neutralidade".

O justificado e necessário olhar sobre si mesmo pode fazer com que os membros de uma determinada organização deixem de perceber inúmeras oportunidades e desafios existentes ao redor da organização, de seus parceiros, fornecedores e clientes. Podem inconscientemente negligenciar muitos dos impactos de novidades, valores e mudanças que parecem atravessar a organização e afetá-la de dentro para fora.

O consultor externo apresenta uma posição privilegiada para colaborar com o cliente, porquanto pode perceber e estudar a organização a partir de seu exterior, de seu interior e dos múltiplos imbricamentos destas duas dimensões.

Você poderá argumentar, com toda a propriedade, que o consultor interno apresenta a vantagem de conhecer mais a dimensão interna da organização, seus processos, sua cultura, seu negócio, ao passo que o consultor externo não. Tal vantagem contrapõe-se à relativa "neutralidade" que o consultor externo parece usufruir como diferencial.

É evidente que a velocidade e mesmo a eficácia de projetos gestados a partir da consultoria interna podem mostrar-se muito positivas e efetivas para a organização da aprendizagem. Todavia, devemos ressaltar que mudanças mais radicais, projetos mais ousados podem ser, muitas vezes, bem mais receptivos e críveis se elaborados em conjunto com o cliente, a partir de consultoria externa.

É importante que o leitor também tenha em mente que um risco significativo relacionado à contratação de consultoria refere-se àquelas empresas ou grupos de consultores acostumados a vender seus pacotes prontos, suas metodologias padronizadas, de tal sorte que só resta ao cliente adaptar-se às exigências dos pacotes comprados. É preciso ter cuidado, pois é exatamente o contrário que deveria ocorrer: adequar-se os métodos e técnicas da consultoria às especificidades culturais do cliente, ao seu negócio, mercado, à sua realidade, buscando atender bem a seus objetivos.

Para fazer face a este e a outros tipos de risco, convém lembrar ao leitor alguns cuidados a serem tomados antes da contratação de consultoria externa: antecedentes históricos, currículo e experiência prévia dos consultores, trabalhos realizados, referências de outros clientes, elaboração e fundamentação de proposta técnica e orçamentária de qualidade, entre outros.

Ainda sobre a relevância da consultoria externa devidamente contratada, um aspecto importante e subjacente a esta questão refere-se ao fato de que, em certa medida, a resistência do consultor interno ao conformismo e à influência normatizadora da cultura de sua organização, para que permaneça gozando de maior isenção e pensamento criativo, tem limites.

Assim, a oxigenação da própria relação consultor interno-cliente, a renovação dos saberes, acabará por celebrar excelente e profícua parceria com a consultoria externa em algum momento oportuno em que se faça necessária.

Como o leitor pode perceber, não se trata de uma disputa comparativa entre duas modalidades de consultoria. Antes, refere-se à complementaridade e à interdependência de uma parceria de excelência a beneficiar a organização como um todo.

Além disso, o consultor interno também estará muito ocupado com sua organização, enquanto o consultor externo estará estudando novos métodos e técnicas, testando ferramentas, atualizando-se em ciências humanas e de gestão para a salutar transferência de tecnologias de gestão e de aprendizagem para o cliente.

Afinal, tal transferência de *know-how* para a organização-cliente, se realizada por parceria com o consultor interno, pode significar poderosa fonte de desenvolvimento e de excelência para todos os envolvidos.

Independentemente das modalidades de consultoria existentes à disposição das organizações, fundamental será a compreensão do perfil do consultor, assunto de que trataremos a seguir.

O perfil do consultor de gestão de pessoas

Quer na modalidade interna, quer na externa, o consultor de gestão de pessoas deve reunir, em seu perfil, conhecimentos, além de cultivar competências essenciais ao sucesso profissional, sempre pautado por uma conduta ética.

Entendemos que o domínio de conhecimentos científicos relativos à gestão sempre será bem-vindo, desde que constantemente atualizado e desde que compreenda, no mínimo, as seguintes áreas: comportamento organizacional e gestão de pessoas; teorias da decisão e liderança; gestão estratégica; arquitetura organizacional; gestão de custos e da qualidade; psicologia da aprendizagem e didática; gestão de projetos; metodologia da pesquisa; estatística e legislação trabalhista.

Deverá também ser qualificado no manuseio de ferramentas da informática, tais como softwares para edição de textos, composição de planilhas, gráficos e assemelhados. Se considerados os desafios multiculturais e as peculiaridades de uma economia globalizada, desejável também será ao perfil do consultor de excelência o domínio de línguas estrangeiras.

Quanto às habilidades, competências e atitudes esperadas de um consultor, destacamos que ele deve ser:

- observador atento e discreto — a fim de conhecer, com a maior precisão e objetividade possíveis, uma determinada realidade organizacional, sem mostrar-se indevidamente invasivo;
- empático — além de simpatia, cordialidade e sensibilidade no trato interpessoal, deve estar emocionalmente aberto para novas relações;
- excelente ouvinte — para compreender as motivações humanas, seus interesses, as diferenças entre as pessoas e a natureza e complexidade das relações;
- flexível emocionalmente — para conviver bem com as diferenças individuais e culturais de valores e atitudes e para respeitar a pluralidade e a diversidade sociais;
- bom pensador analítico e sistêmico — para a percepção, tratamento e uso da inteligência na compreensão das múltiplas variáveis e dos processos organizacionais, em suas partes

decompostas e interdependentes, sem perder a visão da sinergia, da totalidade do sistema;

- paciente e perseverante — para lidar com as incertezas, para tolerar a ambiguidade e as resistências muito comuns nos processos de mudança, mantendo o horizonte de sucesso e a firmeza de propósitos de melhoria e crescimento;
- bom educador — para estimular, incentivar as pessoas a incorporarem novos conhecimentos, desenvolverem novas atitudes, trabalharem em equipes, revelando seus talentos e democratizando suas conquistas;
- bom vendedor e negociador — para uma abordagem eficaz e objetiva por conta da desejada otimização de custos, para a celebração de compromissos e assunção de novas responsabilidades, para a construção de parcerias e de equipes de alto desempenho;
- inteligente e criativo — não obstante o pleno exercício da racionalidade, da lógica e do discernimento, deve ser criativo para a percepção de oportunidades, combinação inusitada e producente de recursos, elaboração de soluções alternativas para problemas existentes;
- disciplinado e bom administrador do tempo — para a observância de procedimentos científicos, cumprimento de rotinas e de prazos e uso inteligente de recursos no projeto de consultoria;
- autoconfiante e otimista — no sentido de ser motivado para a superação de obstáculos e de cenários adversos, inspirando e energizando as pessoas para o crescimento, para o sucesso, por meio da superação de crises e desafios.

A lista é vasta e muito exigente. Longe da utopia, faz-se necessário que as exigências apresentadas estejam adequadamente presentes no perfil do consultor, embora as diferenças de estilo, de experiência profissional e de formação acadêmica acabem por influenciar tendências e combinações bem interessantes daquelas exigências.

É salutar que os perfis apresentem nuanças e matizes, já que os clientes, por sua vez, também os apresentam. Existe sempre a possibilidade de escolha e de parcerias extremamente bem-sucedidas, sobretudo quando equipes de consultores são definidas a partir da complementaridade de diferentes estilos e competências entre seus membros.

Green (2002) alerta-nos para o fato de que aquelas empresas que desejam aproveitar seus quadros de especialistas em recursos humanos para atuarem como verdadeiros e eficazes consultores internos devem investir na mudança de mentalidade de seus especialistas, agregando-lhes, além de competências técnicas e conceituais, uma compreensão adequada do que significa ser parceiro estratégico da empresa e não apenas um prestador de serviços.

E antes que você pergunte sobre a real necessidade de cursos de pós-graduação para a adequada formação do consultor, diremos que os conhecimentos obtidos por autodidatismo e pelo chamado *pensador livre*, após a formação superior completa e comprovada experiência no ramo, têm sido encontrados em grandes profissionais, alguns de renomada reputação no mercado. Talento é sempre fundamental.

Mas os tempos mudam, a sociedade aumenta seus níveis e critérios de exigências e a ciência cresce e prolifera em produção e em complexidade. Logo, a atualização permanente e a consistência da formação supervisionada e tutelada dos cursos de pós-graduação, tais como o mestrado e o doutorado, podem fortalecer e aprimorar significativamente a formação do consultor, especialmente quando consideramos o treinamento metodológico, o desenvolvimento de aptidões para a pesquisa científica, tão caros ao consultor e presentes na essência dos referidos programas de pós-graduação de sólida reputação acadêmica.

Em verdade, grande é o desafio do consultor porque grande é o desafio das mudanças coletivas em nossa sociedade, especialmente quando se pretende a consecução de objetivos de excelência. Todo desenvolvimento profissional, humano e acadêmico será sempre, portanto, muito bem-vindo.

Discutimos, neste capítulo, as especificidades dos processos de mudança, tanto no âmbito do indivíduo quanto no da organização, buscando contextualizar e fundamentar as características e a criticidade do papel do consultor como parceiro da gestão de pessoas. Refletimos sobre a relevância, os cuidados técnicos e atitudinais do consultor na relação consultor-cliente, acerca das modalidades de consultoria, e, por fim, apresentamos e fundamentamos as competências e habilidades do perfil deste profissional.

Você poderá, no próximo capítulo, familiarizar-se com a implementação do trabalho de consultoria, iniciando a discussão e o aprendizado da modelagem de consultoria em face da realidade de organizações e gestores de pessoas.

3

Entender as demandas e oferecer serviços de valor

Para utilizar consultoria respeitando a realidade das organizações, temos de conhecer a dinâmica de seus diversos níveis na perspectiva da mudança. Este é o cenário do gestor, que precisa ter em suas mãos os diversos componentes de seu ambiente decisório e fazer com que as ações que envolvem pessoas estejam alinhadas às estratégias organizacionais.

Abriremos este capítulo com uma perspectiva institucional da mudança, a fim de melhor entender as necessidades do gestor e, particularmente, do gestor de pessoas.

Três cenários...

O uso maciço da expressão *mudança* tem levado consultores e empresas a praticá-la sob, pelo menos, três abordagens: radical, gradual e sustentável. Vejamos cada uma delas.

- Radical — Ocorre quando todos os pressupostos de determinada situação são questionados, na procura de uma substituição por outros diferentes, aí envolvendo estratégias, valores, políticas, estruturas, talentos e assim por diante. Foi o que pretendeu a reengenharia ao perguntar: se tivéssemos de começar de novo, o que e como faríamos? Com alguma frequência, este tipo de mudança ocorre quando a organização (no todo ou em parte) chega a uma situação limite e não lhe sobram mais alternativas. Uma concepção moderna pode apoiar-se na participação e no comprometimento de seus quadros, sem deixar de ser positivamente radical.

- Gradual — Talvez seja o tipo mais praticado nas grandes organizações, pois evita rupturas indesejáveis e alinha o futuro às convicções dominantes no presente. A metodologia mais conhecida é a da melhoria de qualidade, que parte do princípio de que há sempre uma maneira melhor de fazer as coisas. Mudar gradualmente é a opção em que a organização imagina ter controle das variáveis que a determinam. Nas práticas de gestão de pessoas, passar um sistema de benefícios de mecânico para eletrônico é uma modernização, mas só será mudança se absorver novos pressupostos de gestão.
- Sustentável — Não é muito fácil visualizarmos um cenário de sustentabilidade quando vivemos um futuro de incertezas. O que acontecerá com a nossa organização daqui a cinco ou 10 anos, sabendo que os ciclos de vida dos sistemas são cada vez mais curtos? Em primeiro lugar, a incerteza é apenas natural. Neste caso, o gestor de pessoas precisa criar uma cultura de mudança, na qual criatividade, inovação, flexibilidade e desenvolvimento permanente estejam instalados na dinâmica de sua organização. Atualmente, o conceito de sustentabilidade serve como referência para uma mudança desse tipo ao associar curto e longo prazos, e integrar os fatores econômicos, sociais e ambientais.

Metodologias como o *balanced scorecard* (BSC) (destacado em outro capítulo deste livro), gestão do conhecimento e desenvolvimento organizacional são adotadas para aumentar a capacidade de adaptação dos sistemas, em especial quanto ao capital humano.

...e a antimudança

Aqui estamos falando da institucionalização do *status quo*. Não se pode entendê-la superficialmente como uma simples resistência à mudança.

Temos aí três situações:

- uma cultura profundamente estratificada e crente de que os procedimentos correntes são insubstituíveis. Se deu certo até agora, por que mudar? Os comportamentos são de autorreferência;
- ambiente de baixo desafio, com pouca mudança em sua equação de negócio;
- insucessos pessoais quanto a experiências anteriores.

Definindo o caminho e acertando o passo

Tanto em processos contínuos quanto em projetos específicos, o consultor, o agente de mudança (no caso de não ser o próprio consultor) e o gestor de pessoas precisam assegurar que diferentes atividades e oportunidades aconteçam dentro de uma sequência lógica. Para tanto, vejamos alguns passos essenciais.

Entendendo o contexto

Pressões por resultados imediatos tendem a esconder outros aspectos ligados à mudança. Um exemplo acontece em treinamento, quando se espera que um simples curso resolva problemas de performance originados por outras variáveis mais complexas.

Definindo o foco

A visão, quando compartilhada, orienta os esforços para atingi-la. Uma responsabilidade do consultor é evitar o *qualquer caminho serve*, pois quem assim pensa não chega a lugar algum.

Nenhum esforço de mudanças em gestão de pessoas acontece isoladamente. É preciso avaliar os impactos direto e indireto na organização.

Planejando a gestão do processo

Um modelo de consultoria deve assegurar:

- a inclusão de todos os fatores e pessoas que são essenciais para seu sucesso, desde o patrocinador até o cliente final;
- a dimensão temporal, com objetivos e prazos factíveis e alcançáveis.

Abrindo a caixa de ferramentas

Além da competência específica para escolher e empunhar as ferramentas adequadas ao projeto de mudança, o consultor precisa definir com seu cliente as métricas do processo. Que indicadores traduziriam a melhoria?

Garantindo a sustentabilidade

Um projeto tem começo, meio e fim. Três aspectos são destacáveis para garantir seus frutos:

- avaliações de progresso, especialmente quanto às métricas;
- percepção de utilidade pelos usuários;
- liderança firme no controle de crises e afastamentos dos objetivos.

A finalidade da consultoria é adicionar valor

De nada adianta haver um extremo cuidado na modelagem da consultoria e mesmo na aplicação de ferramentas se isso não acrescentar valor a todos os envolvidos no processo, a saber: à(s) pessoa(s) envolvida(s), ao gestor de pessoas, à área de RH e à organização. Vejamos as expectativas e os compromissos com cada um.

Indivíduo

É vasta a literatura sobre as relações entre pessoas e organizações. A visão tradicional do "homem econômico" está sendo progressivamente substituída pela "organização humana", onde as influências se tornam mais equilibradas.

No contexto geral, no dizer de Prahalad e Ramaswamy (2004:280),

> não estamos apenas deslocando o foco de uma visão de criação de valor centrada na instituição para uma visão de cocriação de valor centrada no indivíduo — embora essa mudança seja bastante radical. Também estamos avançando de uma visão do indivíduo centrada na instituição para uma visão da instituição centrada no indivíduo.

Sabemos que tal centralidade, além da vontade das partes, é um processo histórico que não admite ilusões sobre expectativas e resultados. Por outro lado, não é a dificuldade o que determinará a qualidade e a quantidade do esforço, mas a complexidade do mundo moderno.

Ao nos voltarmos para a pessoa que trabalha, por conseguinte para um dos objetos das intervenções de consultoria, vale considerar o conjunto de razões pelas quais nós todos trabalhamos, inclusive você, que nos lê. Excluídas as conclusões simplistas dos livros de autoajuda, existem, na visão original de Estelle Morin e colaboradores (2008:70), as seguintes razões que determinam a qualidade de vida no trabalho:

- utilidade do trabalho — fazer qualquer coisa que seja útil ao outro ou à sociedade;
- retidão moral — executar um trabalho moralmente justificável, tanto na realização quanto nos resultados;
- aprendizagem e desenvolvimento — executar um trabalho que corresponda a competências, que permita aprender, desenvolver o potencial e atingir objetivos;
- autonomia — poder exercer competências e julgamento para resolver problemas e tomar decisões referentes ao trabalho;
- qualidade das relações — fazer um trabalho que permita ter contatos interessantes, boas relações com colegas e influência no meio.

Os profissionais que trabalham em gestão de pessoas, às vezes embalados pela mecânica dos processos, podem esquecer que atrás de um crachá existe uma pessoa, motivo pelo qual sua contribuição sempre deve estar voltada para elevar a condição humana, seja qual for a natureza do processo ou o objetivo da atividade. Pessoas que trabalham em organizações são adultas. Muitas vezes são líderes de família, são eleitores e pagam impostos, dotadas, então, de capacidade de julgamento. Merecem tratamento adequado à sua natureza. Não há regras para isso, mas valores.

Gestor

Considerando-se que o gestor de pessoas é o gerente de linha ou qualquer executivo que obtenha resultados por meio de sua equipe, é fundamental entender suas características e demandas a fim de dar o suporte necessário a seu desempenho.

Para o consultor, tanto interno quanto externo, o gestor-cliente é aquele que participa de reuniões de planejamento, estabelece objetivos, aprova recomendações e acompanha os resultados (Block, 2004:53).

Para dar consultoria é preciso saber o que faz um gestor de linha. Entre outras tarefas, ele:

- gerencia pessoas;
- administra os custos operacionais;
- gerencia uma equipe de conhecimento específico;
- organiza os processos de trabalho e aloca pessoas;
- assegura que os processos de trabalho gerem resultados com qualidade;
- negocia com fornecedores e clientes, tanto internos quanto externos;
- participa dos processos de planejamento e controle organizacionais;
- representa a direção e os acionistas (CIPD, 2008).

No que se refere à gestão de pessoas, o que se espera é que crie alinhamento com objetivos organizacionais e obtenha comprometimento. Há uma série de competências que precisa dominar. Como não foi preparado para a gestão de pessoas, o gestor de linha desempenha suas tarefas com base no bom senso ou transfere o problema para a área de recursos humanos ou para um consultor externo. As duas atitudes fragilizam a relação produtiva.

Sabemos que todo gestor tem que atuar em dois eixos: equipe motivada e produtividade máxima. Para tanto, precisa ter intimidade com conceitos e práticas de gestão de pessoas, não em nível de especialização, mas de domínio gerencial. Quais são, então, suas principais competências em RH?

- Nos processos de atração de talentos, os aspectos básicos e práticos de recrutamento, seleção e ambientação. Se não souber identificar necessidades e oportunidades no processo de entrevistar e acolher o talento, poderá tomar decisões equivocadas.
- Nos processos de retenção, as decisões operacionais ou de manutenção, como movimentação e remuneração. Há que entender os fundamentos da administração de salários e benefícios para poder lidar com todo o tipo de demandas que aparecem.
- Nos processos de desenvolvimento, a obrigação de identificar um potencial, avaliar desempenhos, melhorar a qualificação de seu pessoal e encaminhar carreiras. Aí, é importante saber quando o treinamento e o desenvolvimento são, realmente, necessários e não um paliativo para outros problemas.
- Nos processos de gestão de ambiente estão vários intangíveis, como clima, comunicação e mudança. A cultura de uma organização se materializa nas equipes e o gestor precisa saber ler suas manifestações, trabalhar com indicadores e agir (ou procurar ajuda).

Na dinâmica de seu trabalho, o gestor enfrenta conflitos de prioridade quanto ao que é importante e urgente ao adequar seus processos de gestão de pessoas aos demais inerentes à sua atividade. Com relativa frequência, concentra-se no resultado imediato e deixa de focar nos processos que, de fato, dão qualidade ao resultado. No afã de transformar estratégias em ação, esquece-se de que trabalhar com pessoas também é um resultado.

Nem tudo, porém, será "carga pesada" no trabalho gerencial de traduzir políticas e práticas de RH para seu grupo, se conseguir atuar sob o apoio ou aconselhamento de consultores internos ou externos, que podem ajudá-lo a dirigir e controlar o trabalho das pessoas.

Tais consultores também têm seu "dever de casa" para não se tornarem variáveis dependentes ou independentes do gestor-cliente. Para ganhar confiança e respeito profissionais, o consultor deve, entre outras orientações:

- aprender os problemas e conhecer a realidade do negócio do cliente;
- evitar chegar com uma solução pronta;
- utilizar ferramentas validadas e evitar modismos;
- ser proativo em sugestões, antecipando-se ao surgimento de problemas;
- utilizar métricas que demonstrem o progresso diretamente ligado ao seu trabalho;
- evitar o uso de jargões da profissão;
- compartilhar e assumir crédito desenvolvendo rede de apoiadores e testemunhas do sucesso (Gallos, 2006:471).

Recursos humanos

As organizações adotam vários modelos estruturais, determinados pela necessidade de alavancar a gestão de pessoas, de acordo com o grau de maturidade de sua estrutura e, principalmente, da cultura interna.

É natural que se considere a área de RH como provedora de serviços de gestão de pessoas, em especial porque o redesenho das estruturas e das funções gerenciais está transferindo certas atividades de RH para a linha de frente ou para serviços compartilhados. Como existem conhecimentos especializados de que os gestores não dispõem, e como é necessário garantir a universalização das políticas e práticas corporativas, a área de

RH mudou em objetivos, estratégias e práticas, aumentando a prestação de consultoria, direta ou indiretamente.

Um modelo estrutural bastante utilizado hoje em dia é o que divide RH em três porções: o centro de *expertise*, onde estão abrigadas as especialidades; a consultoria aos clientes internos; e os serviços compartilhados referentes a rotinas tradicionais da área.

Quanto às mudanças em objetivos e estratégias, Ulrich e colaboradores (2008:vii) falam da "*profissão de RH* como uma fonte de vantagem competitiva que oferece valor diferenciado para clientes, particularmente nas economias emergentes, de serviços e conhecimento, assim como entrega valor para múltiplos *stakeholders* dentro e fora da sua organização". Referindo-se às competências que afetam o desempenho dos negócios: "profissionais de RH que têm competências para arquitetar, prover *coach*, desenhar e facilitar em assuntos de organização e pessoas ajudarão sua organização a ter sucesso".

Ao longo do tempo, os pesquisadores ligados a Ulrich, por meio do RBL Group (Ulrich et al., 2008), identificaram seis principais competências para o profissional e, consequentemente, para a área de RH:

- *designer* organizacional;
- gestor de talentos;
- apoiador de cultura e mudança;
- executor operacional;
- parceiro de negócios;
- ativista confiável (dimensão adicionada em 2007).

Juntando então missão e competências, nota-se um natural encaminhamento para a atividade de consultoria, no momento em que as atividades transacionais clássicas forem informatizadas ou terceirizadas. É por aí que a área de RH será apreciada e respeitada, seja como prestadora direta de serviços de consultoria, seja como intermediária da consultoria externa.

Algumas organizações ainda têm expectativas mais operacionais sobre RH, limitando a área a serviços processualísticos clássicos. Esta, no entanto, não é a demanda moderna.

Uma outra realidade que afeta a decisão de usar consultoria vem da reestruturação das diversas áreas da empresa, geralmente no sentido do *downsizing*. A decisão estratégica de manter uma estrutura que represente apenas as competências centrais e inalienáveis da organização, ou simplesmente a necessidade de reduzir custos, fez com que a área de RH, assim como outras prestadoras internas de serviços, tivesse seus efetivos minimizados, trocando-se o custo fixo pelo variável. Aumenta, então, o uso da consultoria.

Organização

Consultoria trata de mudança em direção a um estado desejado. Ora, "a menos que uma mudança ocorra, qual será a recompensa que justificaria o esforço do cliente em contratá-la?" (Cope, 2003:XVI).

Conceitos e processos de mudança já foram descritos anteriormente neste livro (capítulos 1 e 2). Uma organização é composta por estratégia, estrutura, tecnologia/processos e pessoas. Como objetivo, resultados a atingir. A consultora Elza Jardim, em seu seminário de consultoria interna, diz que, em qualquer um desses alvos, a mudança é traduzida por resultados que

- viabilizem a estratégia da organização;
- construam um diferencial competitivo difícil de imitar;
- levem à satisfação dos empregados;
- aumentem a produtividade;
- adicionem inovação e criatividade.

É aí que uma atividade de consultoria, tal qual tratada neste livro, precisa focar objetivos quanto a adicionar valor. São preceitos universais que facilitam o direcionamento de um trabalho, seja ele projeto de longa duração ou apoio direto a uma necessidade específica conjuntural.

Na orquestração do esforço de mudança está a liderança superior. Mesmo que a utilização de consultoria se localize em determinado patamar, sempre há necessidade de estar ligado a alguma estratégia superior que, muito provavelmente, também tem seus raios estendidos a outros setores ou processos. Além disso, é a liderança superior que define as estruturas e as formas de divisão do trabalho, especialmente em três aspectos:

- o que *obter fora* e em que concentrar o uso de recursos internos;
- em que circunstâncias o trabalho de consultoria é requerido (ex.: novos projetos);
- que processos na cadeia de valores interna merecem uma consultoria originada na própria estrutura e por ela administrada (ex.: em gestão de pessoas).

Há organizações que são tradicionais usuárias de consultoria e outras mais seletivas. Mudança, no entanto, não é para ser consumida a granel, mas gerenciada ou patrocinada pela liderança superior. Daí a importância de o prestador e o cliente direto da consultoria terem em mente que nenhum valor será adicionado a um processo de gestão de pessoas se não o for, também, à liderança superior e, por extensão, à organização como um todo, incluindo acionistas e *stakeholders*.

Uma visão crítica da consultoria interna

As organizações cada vez mais adotam estruturas que utilizam a consultoria interna em sua divisão do trabalho. A implantação de tal modelo tem enfrentado algumas dificuldades que merecem ser analisadas.

Uma pesquisa da respeitada empresa de consultoria Roffey Park — *O papel do consultor interno* — desenvolvida com 90 consultores internos oferece uma dimensão universal aos estudos sobre sua consolidação. Comentamos algumas conclusões:

- grande parte dos consultores (62%) são profissionais ou gerentes juniores ou plenos, e seus serviços são oferecidos sem que haja mudança em efetivos, competências ou modo de trabalhar. Nosso comentário é que os clientes pedem por mais maturidade e experiência, e que isso afeta a credibilidade do consultor e do modelo;
- o fato de não haver suficiente clareza quanto a seu papel leva-os, muitas vezes, a ser apenas um braço operacional do cliente, cuidando das transações processualísticas;
- o relacionamento com o cliente sofre de problemas de comunicação, reações emocionais, ou de política. Parece-nos que o consultor sente-se na posição do marisco — entre o mar e a pedra — sempre que lhe falta suporte ou, por outro lado, como peão, quando se submete a jogos de poder;
- os consultores são muito rápidos em diagnosticar superficial e unilateralmente as necessidades do cliente, faltando-lhes isenção. Isto leva à perda de imagem e à preferência pelo uso de consultores externos;
- quando se analisa a realidade da equipe-cliente, também se verifica uma falta de preparo desta para lidar com a consultoria, o que exigiria uma mudança cultural.

Os programas de desenvolvimento de consultores deveriam oferecer-lhes apoio de mentores, aprendizagem com outros consultores e envolvimento em projetos com consultores externos.

A importância da ética na consultoria de gestão de pessoas

Tratando-se de atividade que trabalha com as ineficiências das organizações e de seus protagonistas, desenvolvendo-se em torno de valores, a dupla consultor-cliente precisa ter seus paradigmas.

Você deve começar por estar atento a alguns princípios gerais de ética corporativa:

- para adotar padrões éticos não é necessário ter um código de ética, mas um claro entendimento da missão da empresa;
- se a organização não seguir padrões éticos em seus negócios, não se pode esperar que um gerente ou profissional tenha sucesso na ética de seu setor;
- profissionais com elevado padrão ético agregam mais valor a empresas éticas;
- a visão de consequência é superior à disponibilidade de instrumental metodológico.

Outros princípios se aplicam à atividade profissional de consultoria e estão mais detalhadamente expostos nos códigos das associações profissionais, disponíveis em seus portais, destacando-se os do Instituto Brasileiro de Consultores de Organização (IBCO) <www.ibco.org.br>, do International Council of Management Consulting Institutes (ICMCI) <www.icmci.org> e do Institute of Management Consultants — USA (IMC-USA) <www.imcusa.org>. Além disso, as próprias empresas têm os seus códigos de ética e conduta.

Vale citar alguns preceitos:

- o consultor somente deve aceitar encargos para os quais tenha competência e meios de realizar;
- o papel do consultor é o de assistir os clientes na melhoria de seu desempenho, colocando os interesses do cliente acima de tudo;
- o consultor deve estabelecer junto ao cliente expectativas realistas quanto aos benefícios, prazos e resultados de seus serviços;

- as informações obtidas durante o processo de consultoria são sigilosas e somente podem ser liberadas com autorização do cliente ou quando ultrapassam os limites da ética do consultor ou, ainda, da legislação;
- o cliente deverá ser informado sobre laços de interesse do consultor relacionados a outros serviços, e este evitará conflitos de interesses;
- o consultor não deve tentar impor suas próprias convicções ao cliente, mas procurar caminhos para seu desenvolvimento;
- a sociedade espera que o consultor atue como um agente de mudança em todos os campos, dentro de elevado espírito de cidadania.

Os compromissos acima tanto servem para a prestação de consultoria interna quanto externa. Na consultoria dentro da organização, maiores ainda são os cuidados, visto que o potencial de repercussão de situações particulares é maximizado, assim como os desgastes daí decorrentes.

Você poderá, no próximo capítulo, familiarizar-se com a implementação do trabalho de consultoria, iniciando a discussão e o aprendizado da modelagem de consultoria diante da realidade de organizações e gestores de pessoas.

4 A arquitetura da consultoria

Após termos desenvolvido uma visão estruturada das diversas dimensões e requisitos profissionais da consultoria, é hora de você conhecer como, de fato, uma típica atividade de suporte alavanca desempenhos e resultados. É do que trataremos neste capítulo.

Ao se falar em gestão de pessoas, não se pode adotar uma postura reducionista, visto que uma organização tem um conjunto de variáveis que afetam seu desempenho em diferentes dimensões. Não custa repetir que o que se procura é maximizar a contribuição produtiva das pessoas, alinhando-as aos objetivos estratégicos e proporcionando-lhes um ambiente propício à realização pessoal e profissional.

As intervenções nos sistemas social e técnico ocorrem, portanto, em contextos com especificidades que requerem abordagens apropriadas. Tente observar a organização. Você verá que existem problemas, desde o operacional até o estratégico; agentes, desde o executor de tarefas até o acionista; espaços, desde o cargo até a organização total.

Em todos esses planos ocorre a interferência do fator humano, quer em sua convivência na busca de resultados para problemas comuns, quer na competência para tornar estes resultados crescentemente positivos ao longo do tempo, quer ainda na construção de ambientes que equilibrem os interesses dos indivíduos, do negócio em si e da sociedade. Daí porque, quando se fala em gestão de pessoas, é necessário estimular a convergência entre os sujeitos e suas circunstâncias, o que não é fácil em sistemas complexos e em constante mudança. A prescrição de receitas tradicionais não mais atende aos universos de convivência produtiva.

Modelando a consultoria: a otimização da performance humana

O mapeamento dos planos de alinhamento da contribuição humana aos objetivos organizacionais pode ser sintetizado e simplificado se considerarmos três níveis merecedores de intervenção para o aumento da performance:

- o cargo ou ocupante, incluindo equipes;
- os processos, ou seja, o resultado de atividades que convertem *inputs* específicos em *outputs* demandados;
- a organização como sistema que gera produtos ou serviços de valor para seus clientes, com retorno econômico para os acionistas.

Utilizando uma metáfora para ilustrar a interdependência destes três elementos, poderíamos vê-los como partes do corpo humano, assim comparados:

- organização — sistema ósseo;
- processos — sistema muscular;
- cargo/ocupante — sistema nervoso central.

A falha de um implica o mau funcionamento dos outros.

Dentro de tal cenário, o consultor e seu cliente procuram encontrar as *questões críticas* que afetam o resultado e que estão localizadas em cada um dos sistemas (ou na sua conjunção). Uma *questão crítica* é um problema ou oportunidade que é chave para o sucesso da organização. É nela que se deve centrar a oportunidade de aumentar desempenho.

Princípios para a análise de performance

Quando a dupla consultor-cliente diagnostica determinada oportunidade dentro de um sistema produtivo, deve alinhar-se a alguns princípios, segundo os quais:

- um cargo só existe quando é útil a um processo;
- processos só existem para atender às necessidades dos clientes;
- uma organização é tão boa quanto a qualidade de seus processos;
- a performance melhora quando o custo da atividade é reduzido ou o valor da realização aumentado, ou ambos;
- entre 5% e 15% da performance humana dependem de conhecimento e habilidades; abaixo da superfície deste *iceberg* estão:
  - atitudes, *feedback* e consequências;
  - ambiente de trabalho, ferramentas e recursos;
  - prioridades, normas e procedimentos;
  - práticas gerenciais;
  - estrutura e objetivos da organização;
  - cultura.

Nem sempre, portanto, uma situação de baixa produtividade humana acontece por insuficiência de habilidades e conhecimentos, mas, se estamos falando sobre gestão de pessoas, é preciso ir mais fundo para eliminar os gargalos da ineficiência.

A dificuldade de encontrar um único modelo para tanta diversidade levou os estudiosos a pesquisar as melhores contribuições de autores, entre os quais Peter Drucker, Chris Argyris, Peter Senge, Thomas Gilbert, Robert Mager e Geary Rummler. Daí surgiu um modelo conhecido como *otimização da performance humana*, que é um processo sistemático para reduzir as defasagens entre os objetivos organizacionais e a performance humana real, implementado através de análise de causas, intervenções localizadas e avaliação do resultado da gestão da mudança.

Embora não haja unanimidade quanto ao conceito de performance, vale encontrar resposta em algumas instituições de credibilidade.

O que gera performance?

O Baldrige National Quality Program (2003), mais conhecido por suas premiações a empresas líderes, definiu excelência como uma abordagem integrada para a gestão da performance organizacional que resulte em:

- fornecimento de valor para o cliente, em crescente melhoria, o que contribui para o sucesso no mercado;
- melhoria da efetividade e das capacidades organizacionais;
- aprendizagem organizacional e pessoal.

Já o nosso Programa Nacional de Qualidade (2004), a partir de conceituação semelhante, lista oito categorias em que as organizações devem mostrar-se competentes:

- liderança;
- estratégia e planos;
- clientes;
- sociedade;

- informações e conhecimento;
- pessoas;
- processos;
- resultados.

Fica claro, então, que, quando falamos em gestão de pessoas, estamos pensando no impacto que seus comportamentos geram nos resultados ou, mais diretamente, na sua performance. Ao analisar a performance, uma ação profissional a enquadra em todas as dimensões e forças que favorecem ou dificultam sua eficiência e eficácia.

O que faz um consultor de performance?

Considerando-se que sempre existe uma situação em que o cliente acha que precisa atacar, o consultor deve resistir ao *canto da sereia* e instrumentar-se para ajudar o cliente a resolver o problema real que for detectado. Assim, ao olhar o sistema, precisa transitar em diversos ambientes e considerar as seguintes perspectivas:

- de negócio do cliente — objetivos operacionais e estratégicos;
- de performance — requisitos comportamentais;
- de aprendizagem — habilidades e conhecimentos;
- do ambiente do trabalho — sistemas, procedimentos e processos.

Há uma determinada lógica e uma sequência de atividades, desde saber que existe um problema até ter certeza de que ele foi resolvido para a organização. É o processo que demonstraremos em seguida.

O processo de consultoria em performance humana

O processo de consultoria tem cinco fases — demonstração de *gap*, identificação de causas, seleção de intervenções, gestão da mudança e avaliação —, detalhadas a seguir.

Fase 1: analisando o negócio e a necessidade

Conforme demonstrado na figura 1, o ponto inicial deste processo é subordinar a análise da performance à análise do negócio, estabelecendo a defasagem que existe entre os objetivos esperados e a performance apresentada. Você não deve partir da situação atual para depois ver como mudá-la. Ao contrário, toda mudança depende de onde se quer chegar. Este *gap* é o espaço a ser reduzido.

Figura 1

Otimização da performance: identificar o *gap*

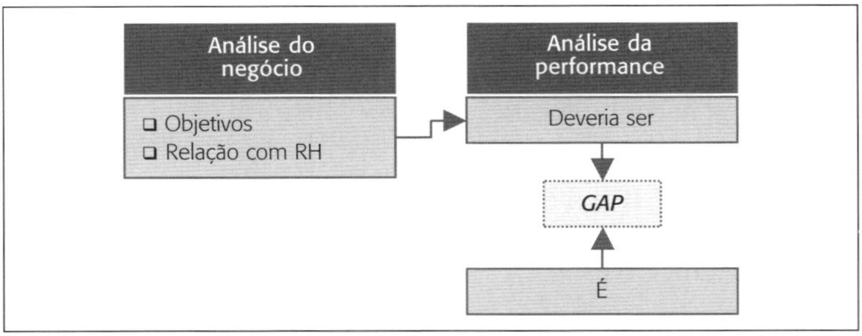

Vamos imaginar uma equipe de vendedores que não está conseguindo sucesso no lançamento de um produto. O cliente procurou o consultor e pediu um treinamento motivacional para os vendedores. Achava que assim conseguiria atingir os objetivos financeiros. O consultor procurou identificar o *gap*, ou seja, o objetivo a atingir nesse esforço, e concluiu que era a diferença entre o objetivo de venda, digamos R$ 1 milhão, e o resultado alcançado, por exemplo, R$ 600 mil até o momento.

Fase 2: analisando as causas

O que faz um consultor em apoio ao gestor da área? Procura descobrir as *causas últimas* da defasagem. A figura 2 mostra como a análise causal descobre os fatores geradores do *gap* através de uma abordagem sistêmica. Em geral, as causas não se encontram apenas em uma área, sendo necessário pesquisá-las em várias categorias, como conhecimento, motivação, recursos físicos, estrutura, processos e informação. O consultor utiliza suas competências analíticas e os melhores processos diagnósticos disponíveis para chegar (e checar) às informações significativas.

Figura 2

ONDE ESTÁ O PROBLEMA?

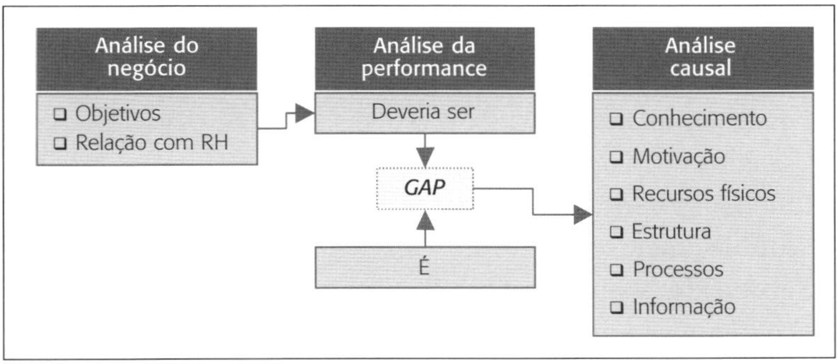

No caso que estamos exemplificando, havia várias causas, mas trabalharemos em duas delas, para fins didáticos:

- uma questão de prioridades conflitantes entre produtos, traduzindo-se em um problema de motivação — o novo produto não tinha qualquer destaque na remuneração do vendedor, o que o levava a dar preferência aos produtos com os quais estava acostumado e que garantiam um retorno confortável;
- autonomia para negociar — qualquer negociação sobre preços e prazos devia ter aprovação do diretor financeiro, o que demorava muito e gerava perda da venda.

Fase 3: definindo as intervenções

Como vimos, o treinamento solicitado não atenderia, pelo menos, às duas causas já identificadas. Agora conhecidas, é necessário considerar que *intervenções* são adequadas para resolvê-las e escolher aquelas que mais se adaptam ao caso. A figura 3 ilustra bem este encadeamento, pois existe uma grande quantidade de metodologias de intervenção em consultoria que se adaptam às diferentes causas de problemas. É importante que o consultor saiba utilizá-las ou, pelo menos, as conheça para poder recomendar. Um dos grandes problemas que vivemos é a falta de competência nas chamadas intervenções, o que reduz o leque de oportunidades a utilizar. Algumas intervenções são:

- *assessments* individuais ou grupais;
- sistemas de compensação;
- modelagem de competências;
- fortalecimento de equipe;
- grupos focais para análise de problemas;
- *coaching and mentoring*;
- mapeamento de processos;
- políticas e procedimentos;
- pesquisas de clima e cultura;
- *outplacement*;
- *action learning*;
- sistemas de reconhecimento e recompensa.

Voltando ao nosso exemplo, mesmo considerando que as duas causas apontadas não eram as únicas, já podemos selecionar algumas intervenções a serem discutidas entre o consultor e seu cliente. A primeira delas seria estabelecer programas de reconhecimento e recompensa com estabelecimento de incentivos financeiros diferenciados para a venda do novo produto, e um programa de reconhecimento não financeiro para o alcance de metas. Além disso, no tocante à autonomia para negociar, sugeriu-se ao diretor financeiro a abertura de um canal decisório mais rápido (o cliente não podia ficar esperando pela decisão, pois, nesse caso, comprava do concorrente) com delegações específicas sobre preços, condições e prazos.

Figura 3

CORRIGIR AS CAUSAS COM SOLUÇÕES ADEQUADAS

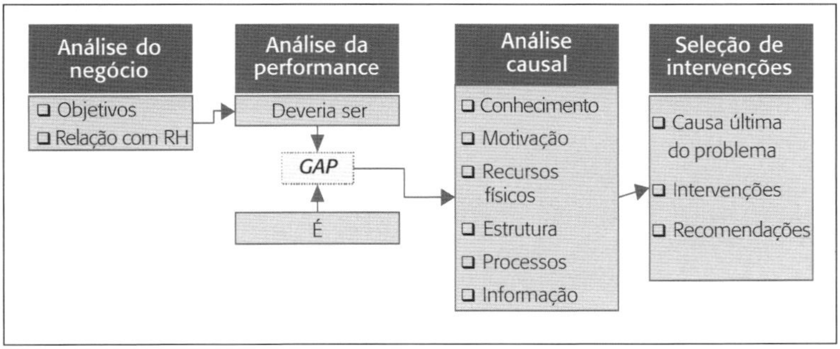

Fase 4: a hora da ação

Aqui começa a ação propriamente dita. Definida a intervenção, o processo recomenda que se dê sequência com a implantação de ações ou programas destinados a zerar a defasagem anteriormente identificada. Como mostra a figura 4, inicia-se um ciclo de realizações. Feitas as contas de custo/benefício e definidas as ações, o gestor de pessoas, tendo participado ativamente de todas as fases anteriores, dá início à *gestão da mudança*, recebendo o apoio do consultor nas dimensões técnicas. Os prazos são aqueles necessários para zerar o *gap* o mais rapidamente possível, e neste momento é que se definem as métricas que servirão para constatar o acerto das decisões. Muitos consultores se esquecem de sugerir medidas de resultado e satisfazem-se com a indicação dos processos. Dificilmente um executivo de alto nível aceitará uma proposta que chegue desacompanhada de impactos quantificáveis.

Figura 4

GERENCIANDO A MUDANÇA

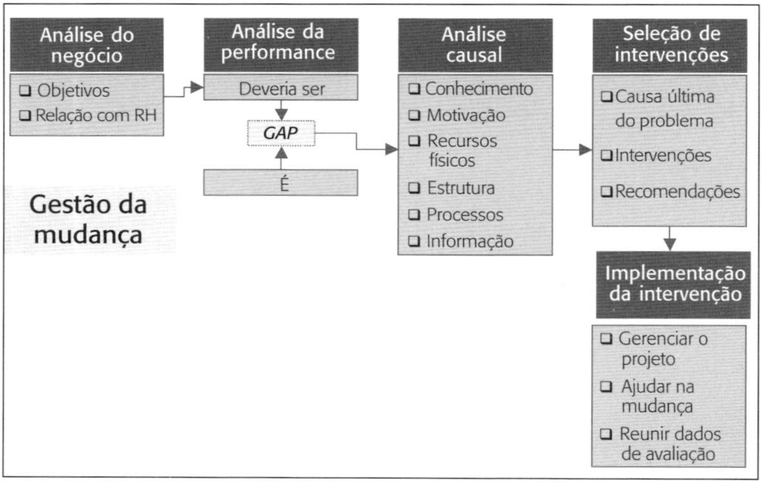

No caso que estamos relatando, as recomendações exigiram trâmites e aprovações especiais pela hierarquia da empresa, e coube ao gestor trabalhar nesse sentido. Uma vez aprovados os programas de incentivo para o produto, as premiações de reconhecimento e os tetos de negociação para os vendedores e seus chefes (não mais o diretor financeiro exclusivamente), é hora de colocar tudo em funcionamento, registrar as informações importantes e comunicar adequadamente a todos os envolvidos.

Fase 5: deu certo?

Como fase final, após a implantação, os objetivos iniciais são revistos e acompanhados, sendo cotejados com o que realmente se obteve. Nem sempre a mensuração é imediata, dado que algumas intervenções levam tempo, mas relatórios periódicos de progresso podem dar o tom da avaliação de resultados e gerar correções de rumo. Esta etapa certamente envolve a chefia do cliente, que é o nível adequado de verificação do sucesso, mesmo porque os bons resultados também beneficiam o restante de sua área. O processo de *feedback* é o principal elemento de comunicação. A figura 5 mostra como o processo se completa, tendo evoluído desde a identificação do *gap* ilustrada na figura 1. Com a defasagem zerada, encerra-se o projeto ou inicia-se um novo ciclo, se forem identificadas novas oportunidades para resolver outros problemas críticos.

Figura 5

O CICLO COMPLETO DA OTIMIZAÇÃO DA PERFORMANCE HUMANA

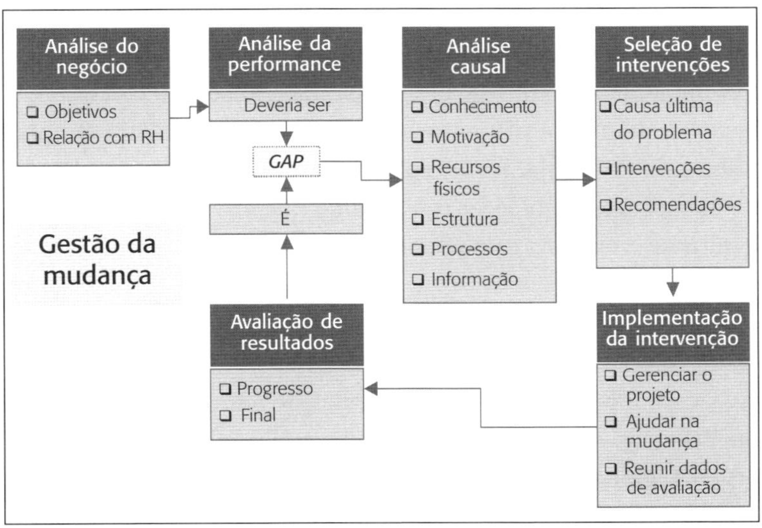

Voltando ao pedido inicial de treinamento feito pelo cliente, concluiu-se que não estava aí o problema, e a empresa corria o risco de gastar dinheiro inutilmente, visto que, no retorno ao trabalho, boa parte dos problemas continuaria e as pessoas não teriam instrumentos para resolvê-los.

Uma primeira avaliação de progresso foi marcada para 60 dias após a implantação, quando se verificou que, apesar de alguns acidentes de percurso, as vendas do novo produto tinham aumentado na proporção esperada e 70% das negociações tinham sido consideradas adequadas pela diretoria financeira. Um programa de autoaprendizagem em matemática financeira, coordenado por um analista financeiro, foi disponibilizado para aumentar a habilidade dos vendedores. Três meses mais tarde, na avaliação trimestral da empresa, a performance da área foi considerada adequada. O resultado do incremento de vendas menos os investimentos necessários para a implementação das medidas mostrou que o *gap* de R$ 400 mil referente à diferença entre R$ 1 milhão de meta e os R$ 600 mil atingidos estava em rota firme de superação.

Veja você que se encontrou um conjunto de soluções que aumentaram a performance das pessoas por meio de um trabalho típico de consultoria. O profissional conseguiu evitar a tentação de atender à primeira solicitação do cliente (um simples programa de treinamento), utilizou uma metodologia eficiente, conseguiu estabelecer um diálogo que envolveu ativamente o gerente e chegou a um final feliz.

Enfim, um modelo sistêmico

Como pode ser compreensível, este é um modelo com características sistêmicas aplicável às mais diferentes situações organizacionais. Precisa ser convenientemente difundido na organização, já que os gestores de pessoas não estão habituados a receber este tipo de ajuda. Anteriormente, cada aspecto da mudança era tratado isoladamente e faltavam a convergência dos esforços, a sinergia necessária e a visão do benefício total para a organização.

A consultoria não é invasiva, portanto, como temem muitos executivos. O consultor não está ali para lhe tomar informações, poder ou tornar públicas as mazelas daquela área. Está como recurso de inteligência diretamente ligado à performance da área. Resta ao gestor de pessoas saber como utilizá-lo e estar disposto a interagir aberta e produtivamente.

Vimos, neste capítulo, que a modelagem da consultoria deve considerar integradamente as intervenções de conteúdo, o processo e a gestão de mudança em todas as questões em que as pessoas e sistemas humanos sejam envolvidos, para solucionar problemas que impeçam a organização de atingir seus resultados. Você teve também a oportunidade de conhecer um modelo específico, que contém os ingredientes necessários ao contínuo aumento da produtividade.

No próximo capítulo, você aprenderá como montar e desenvolver um projeto de consultoria.

5 Projeto de consultoria

Este capítulo trata da importância da organização quando ela opta por trabalhar com projetos, visando a agilizar seus processos por meio da identificação das necessidades de desenvolvimento de um projeto, do trabalho em equipe e de um acompanhamento permanente na busca do desempenho esperado.

A necessidade de desenvolvimento de um projeto

O ambiente de competitividade no qual as organizações, públicas ou privadas, estão sendo obrigadas a atuar requer esforços e atenções permanentes para a melhoria das atividades desenvolvidas.

Vários fatores contribuem interna e externamente para essa constatação: a exigência cada vez maior do cliente em relação ao produto (bens ou serviços) que ele está disposto a adquirir; a concorrência acirrada; a evolução tecnológica; o processo de inovação e o ciclo de vida dos produtos cada vez mais curtos, ou seja, produzir mais e em menos tempo; escassez de empregados qualificados; processo educacional para seus funcionários e atendimento às exigências dos acionistas, o que caracteriza um processo de mudanças contínuas.

A partir da constatação desses fatores podemos notar que um número cada vez maior de organizações vem adotando o modelo de gestão por projetos.

Em suas origens, um projeto de consultoria pode ser identificado a partir da constatação de um dos fatores aqui descritos. Podemos percebê-lo como um empreendimento único que deve apresentar um início e um fim claramente definidos e que, conduzido por pessoas, venha a atingir seus objetivos e respeite os parâmetros de prazo, recursos alocados e qualidade requerida.

As origens de um projeto

Podemos perceber três situações que poderão originar um projeto.

- Por determinação superior: essa situação requer cuidado muito especial. Podemos perceber várias origens tais como:
  - desempenho interno não satisfatório, ou seja, os resultados obtidos no desenvolvimento das tarefas executadas indicam a necessidade de alterações nos procedimentos atuais. Por exemplo, um processo de seleção que excedeu os prazos requeridos para preenchimento de vaga decorrente de uma solicitação malfeita por parte do usuário ou de procedimentos inadequados da área de RH;
  - oportunidades estratégicas internas — projetos para implantação de novas metodologias (tecnológicas ou de gestão) para aprimoramento contínuo do pessoal e dos processos desenvolvidos para manutenção ou melhoria da posição obtida pela organização no mercado. Por exem-

plo, um projeto para identificação de competências e habilidades dos funcionários;
  - oportunidades estratégicas externas — projetos para adequação da organização diante do que o mercado (clientes, fornecedores e concorrência) está exigindo. Por exemplo, um projeto para certificações e normatizações dos processos internos da organização.
- Por meio de uma solicitação do usuário: essa situação pressupõe que o usuário saiba o que quer e o motivo que está dificultando ou prejudicando o seu desempenho para o alcance de seus objetivos. Por exemplo, o nível de desempenho atingido nas atividades não corresponde ao nível de desempenho esperado. O resultado da medição dos indicadores da atividade realizada informa a performance da mesma.
- Por recomendação do consultor: neste caso, o consultor tem liberdade para sugerir e recomendar mudanças nos procedimentos adotados pelos usuários. Essas mudanças podem ser consequências de constatações do ambiente interno ou externo e das oportunidades de negócios que a organização pode estar pleiteando. Por exemplo, o aperfeiçoamento dos clientes (internos e/ou externos) quanto à prática de novos procedimentos desenvolvidos pela organização.

Qualquer que seja a origem do projeto é preciso que se faça uma análise criteriosa das informações disponíveis e do objetivo que se quer atingir.

Características de um projeto

Toda atividade considerada projeto (veremos mais adiante a diferença entre as atividades de projeto e as rotineiras) tem características bem-definidas que devem ser levadas em consideração durante todo o seu desenvolvimento.

Para iniciarmos um projeto, há a necessidade de estabelecer o objetivo que se quer alcançar e de formalizá-lo por meio de autorização dos gestores envolvidos, assim como de sua plena divulgação entre os participantes do projeto (com os devidos níveis de competência para tal).

Por que gestores envolvidos? Normalmente, um projeto de consultoria abrange mais de uma área, e os gestores dessas áreas, além de estarem diretamente envolvidos, deverão dar a autorização para seu início.

A partir do objetivo definido e da autorização para iniciar, identificamos e estabelecemos as características de um projeto, discriminadas a seguir.

- Escopo

  O estabelecimento do escopo do projeto significa determinar sua abrangência, seu horizonte, seu início e fim (em relação a datas e em relação às suas ações). Por exemplo, em um ambiente acadêmico, quando o aluno pergunta qual é a matéria da prova, ele está querendo saber onde se inicia e onde termina a matéria, ou seja, o escopo da prova. A determinação do escopo do projeto reflete-se nas demais características dele. Outro exemplo seria a implementação do projeto de uma universidade corporativa (UC), a fim de suprir uma demanda crescente na educação dos empregados e de ajustá-los às metas estratégicas da organização. Para esse projeto podemos visualizar o estabelecimento de alguns escopos como: o mapeamento das necessidades específicas para treinamento, a identificação das competências para ministrar treinamento, e a realização e o acompanhamento do treinamento desenvolvido.

- Prazo

  Todo projeto é finito e é constituído por fases durante um período de tempo, sendo finalizado quando o seu objetivo é atingido. Esse prazo pode ser estabelecido por diversas razões (estratégicas, de correções de erros, otimização e outras), levando-se em consideração também alguns outros aspectos que poderão comprometer o sucesso do projeto, tais como: a cultura, o clima organizacional e a capacidade das pessoas em absorver procedimentos da gestão por projetos. O prazo de um projeto é muito importante, pois por meio dele é que poderemos prever o estabelecimento dos recursos que viabilizarão sua execução. Além disso, ao ser estabelecido o prazo, o mesmo deverá ser acompanhado (ver seção "Fases de um projeto: ciclo de vida", neste capítulo) para que não perca a sua finalidade.

- Estabelecimento de recursos
  Uma vez definidos o escopo e os prazos, precisamos alocar recursos adequados e necessários, bem como a equipe de trabalho para o desenvolvimento do projeto. Entre os recursos temos:
  - equipe de trabalho — pessoas que estarão envolvidas no projeto, suas respectivas responsabilidades e perfil adequado (competência reconhecida e habilidade para execução). Além disso, há também a necessidade de definir se o projeto vai ser desenvolvido totalmente ou em parte com pessoas da organização ou com terceiros (consultores). Neste último caso, deverá haver um processo de contratação formal, quando consultor e cliente definem expectativas e termos de trabalho;
  - recursos financeiros — valores que deverão ser destinados para viabilizar a execução do projeto;
  - recursos tecnológicos — tecnologia adequada para suportar a execução do projeto e sua implementação. Quanto aos recursos tecnológicos, podemos englobar os computacionais ou os de processamento eletrônico de dados (hardware e software) e os relativos ao domínio do conhecimento necessário para o desenvolvimento.

Esses recursos devem ser compatíveis com a realidade da organização, ou seja, ela precisa ter capacidade para gerenciá-los e distinguir o que é especificamente aplicável ao projeto.

Diferenciação entre atividades de um projeto e atividades rotineiras

Como atividades de um projeto podemos perceber aquelas que têm o objetivo bem-definido (escopo) e que terminam quando este é atingido.

Como atividades rotineiras podemos perceber aquelas que são executadas com uma periodicidade conhecida (repetitivas) e sempre buscando a otimização e a racionalização com objetivo de aumento de desempenho e melhoria contínua.

Fases de um projeto: ciclo de vida

Uma vez estabelecido o objetivo, o escopo e a autorização para o início do projeto, passamos a definir as ações que comporão as fases do projeto.

Como fases do projeto, podemos entender as etapas pelas quais este passará. É importante alertar que estas etapas são integradas e, por isso, tanto o consultor quanto a equipe de desenvolvimento devem ter uma visão de todo o projeto.

Um projeto pode ser desmembrado em três fases: levantamento; diagnóstico e desenvolvimento; implantação e implementação.

Fase 1: levantamento

É a fase inicial, na qual a equipe de desenvolvimento tomará conhecimento das áreas envolvidas e de todas as atividades que estão sendo desenvolvidas. É o *status quo*. É por meio desse levantamento que a equipe do projeto poderá propor alternativas de solução. Sem conhecer a realidade das ações com todos os seus detalhes e particularidades, a equipe do projeto correrá risco ao propor alternativas que não sejam compatíveis com a realidade da organização.

É recomendável despender um tempo maior nessa fase, para não passar para a fase seguinte e, depois, ser obrigado a retornar, o que caracterizaria um retrabalho.

Nessa fase podemos identificar basicamente quatro tipos de instrumentos que facilitarão o levantamento dos procedimentos realizados: análise da documentação existente e envolvida no projeto (formulários, manuais, a cultura da organização); entrevistas; questionários; observação pessoal. A equipe de desenvolvimento do projeto deverá tomar algumas precauções quanto ao tratamento com o cliente (usuário) nesse momento. Sempre é bom lembrar que estamos tratando com pessoas que, como tais, são diferentes umas das outras. Consequentemente, deveremos ter abordagens também diferentes.

Para a entrevista é recomendável que o cliente (aquele que detém as informações) torne-se um aliado da equipe.

Outra recomendação é quanto às atitudes da equipe no sentido de seguir este ditado: “eu tenho dois olhos, dois ouvidos e uma única boca”, ou seja, ver muito, ouvir muito e falar o mínimo necessário.

E, por último, a equipe não deve sugerir nenhuma mudança de procedimentos durante essa fase, pois poderá levar o cliente (usuário) a falar como poderia estar fazendo e não como realmente faz, o que poderia prejudicar (mascarar) todo o levantamento.

Para o uso de questionários deve-se indicar as pessoas que responderão às questões. Alguns cuidados devem ser tomados quanto à elaboração das questões, ao tipo de questionário (aberto ou fechado) e à sua tabulação.

Quanto à observação pessoal, será a constatação daquilo que o cliente informou para a equipe, e o momento exato de tirar algumas dúvidas pendentes que ficaram no momento da entrevista. O cliente não deve perceber que, além de tirar dúvidas, o consultor está se certificando da veracidade das informações obtidas anteriormente.

Fase 2: diagnóstico e desenvolvimento

Com base nas informações obtidas na fase anterior (levantamento), a equipe de desenvolvimento terá condições de formular um diagnóstico e as estratégias para o desenvolvimento do projeto.

Na fase do diagnóstico podemos visualizar a situação atual e a situação proposta.

Segundo Cury (1995), a metodologia para o diagnóstico consiste em:

- crítica do levantamento — identificação dos problemas. Relatar os pontos que apresentaram problemas, as origens e suas consequências;
- enfoque da integração dos procedimentos — identificar os pontos que não estão se relacionando. Falta de integração entre os procedimentos;
- relatório da situação existente — apresentação em forma de relatório e de representação gráfica (fluxograma) da situação existente;
- elaboração do plano ideal de funcionamento — apresentação em forma de representação gráfica (fluxograma) da situação proposta;
- nova estrutura organizacional — apresentação do novo organograma das áreas envolvidas com seus níveis de competências e hierárquicos, se o projeto envolver mudanças estruturais;

- novos métodos e processos de trabalho — descrição dos novos métodos de trabalho e de responsabilidades para execução;
- negociação com os usuários — item de envolvimento e comprometimento dos usuários para o início do desenvolvimento do projeto;
- avaliação sistêmica — este item permite fazer uma análise entre a situação atual e a situação proposta e perceber o ganho a ser obtido quando decidir adotar esta alternativa.

A fase de desenvolvimento é a responsável por atender e viabilizar as expectativas do projeto e permitir a conquista do seu objetivo. Baseada nas informações identificadas na fase anterior (diagnóstico), a equipe do projeto deverá ter condições de desenvolver a situação proposta, utilizando metodologias, técnicas e ferramentas adequadas para o seu desenvolvimento.

Um relatório apresentando a relação custo *versus* benefício das alternativas apresentadas pode servir de instrumento para decidir qual a melhor alternativa a ser adotada.

Antes de passar para a fase seguinte, a equipe de trabalho deverá proceder a todos os testes (de etapas individuais e integradas), simulando situações que atendam aos objetivos estabelecidos no projeto.

Fase 3: implantação e implementação

Esta é a fase final do projeto. Significa que o objetivo foi atendido em todas as suas especificações. A fase de implantação significa que o projeto foi desenvolvido, está atendendo às suas especificações e está apto para ser executado. A fase de implementação significa pôr em prática (execução).

Recomendamos, quando da fase de implementação, adotar procedimentos em paralelo. Isso significa dizer que, durante algum tempo, as ações (antigas e novas) deverão ocorrer juntas até que todos os procedimentos na prática sejam substituídos pelas novas ações. Além disso, nunca devemos imaginar que a implementação é a fase final.

Atividades de controle e acompanhamento: gerenciamento do projeto

Essas atividades deverão ser executadas durante toda a realização do projeto, independentemente da fase em que ele esteja, o que permite à equipe de desenvolvimento do projeto ter sempre informações sobre o seu andamento e atuar de forma direta, para garantir os parâmetros (indicadores) estabelecidos anteriormente, quando da alocação dos recursos.

Nas atividades de controle e de acompanhamento do projeto, pode ser utilizado o ciclo do PDCA, ferramenta utilizada na gestão pela qualidade que, segundo Marshall e coautores (2003:78), é "um método gerencial para promoção da melhoria contínua". Durante todo o desenvolvimento do projeto é preciso estabelecer pontos de controle e de verificação (medições). O ciclo do PDCA, aplicado de forma cíclica, dará subsídios à equipe responsável pelo projeto para saber não só o seu andamento, como também se o seu desenvolvimento está seguindo ou não as estratégias traçadas anteriormente.

As quatro fases do ciclo do PDCA são:

- *P* (*plan* → planejar) — estabelecimento dos objetivos e metas para que sejam identificados indicadores e índices para alcançá-los;
- *D* (*do* → executar) — implementação das ações planejadas, em que se coleta sempre dados para a fase seguinte;
- *C* (*check* → verificar) — comparação entre o que foi planejado e o que foi efetivamente realizado (executado);

- *A* (*act* → agir corretivamente) — se na fase anterior ficar constatado um desempenho não esperado, deve-se buscar os motivos que levaram a esse resultado, a fim de evitar repetições de erros indesejados.

A figura 6, a seguir, apresenta uma forma de acompanhar o projeto e perceber o seu desenvolvimento, dando subsídios para possíveis realinhamentos da estratégia, em que M0, M1, M2 e M3 são momentos de controle do desempenho do projeto.

Figura 6

GERENCIAMENTO DO PROJETO

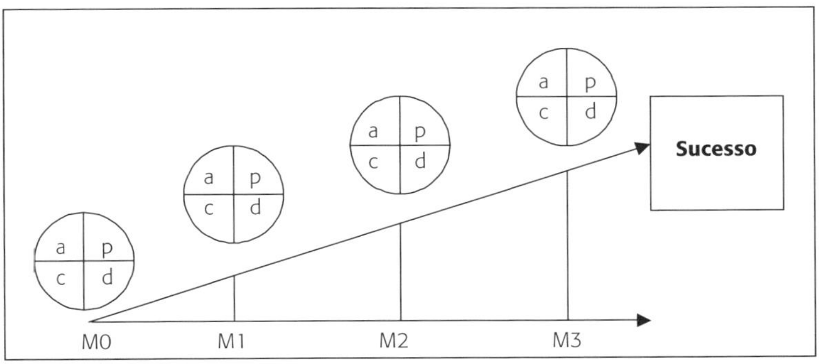

Formação da equipe de desenvolvimento

A formação da equipe de desenvolvimento é feita a partir do estabelecimento do perfil do projeto, em que são identificadas tanto as áreas que sofrerão seu impacto, quanto as pessoas, em razão de seus conhecimentos e competências alinhados ao projeto.

Para ter uma ideia melhor sobre a relação entre os projetos e áreas que sofrerão seu impacto, podemos visualizar a estrutura organizacional do tipo matricial em que, por meio de uma matriz, visualizamos as áreas envolvidas por projetos. Veja figura 7.

Figura 7

Estruturação por projetos

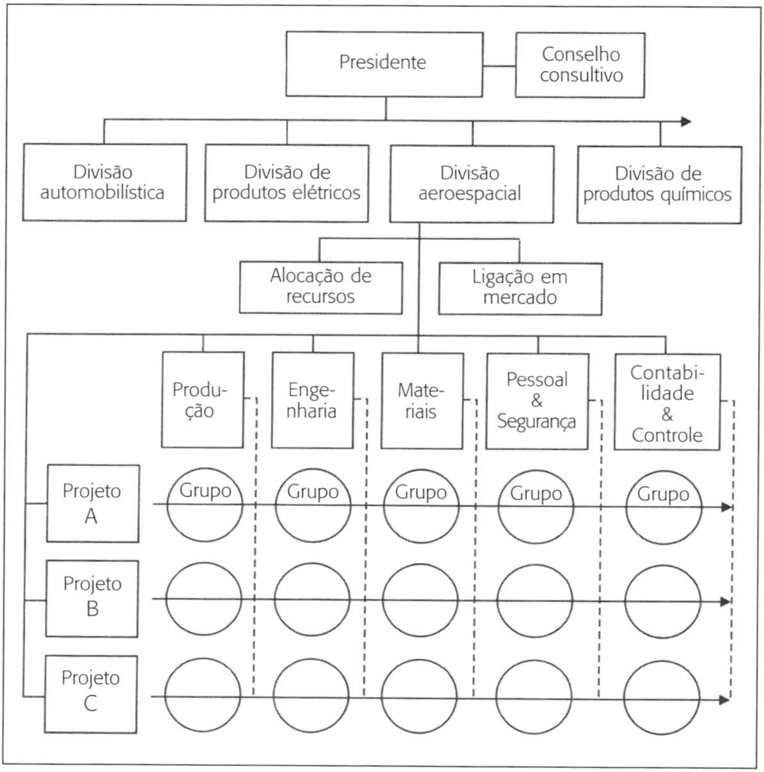

Fonte: Araujo, 2001:140.

Cerqueira Neto (1996) recomenda que, na equipe de desenvolvimento, alguns de seus componentes tenham funções predefinidas que contribuirão para a agilização e viabilização do projeto:

- líder do projeto — normalmente escolhido pelo patrocinador principal (o maior executivo da organização). Ficará responsável pelo andamento do projeto na administração para o cumprimento do cronograma e resultados;
- facilitador de projeto — responsável por viabilizar os encontros (identificar e reservar os locais) dos componentes da equipe de desenvolvimento, disponibilizar infraestrutura para a reunião (computadores, telefone, fax etc.) e quaisquer outros elementos que venham a facilitar o sucesso do projeto;
- secretário/assistente — responsável por documentar, por meio de atas, todas as ações e decisões que a equipe tomar. A cada reunião da equipe deverá ser lida a ata da reunião anterior para análise do progresso do projeto. Para que todos tenham a oportunidade de secretariar as reuniões, é recomendável que haja um rodízio entre os membros da equipe, com exceção do líder e do facilitador, pois esses têm funções fixas.

Algumas regras básicas apresentadas por Cerqueira Neto (1996) poderão ser seguidas pela equipe de desenvolvimento, objetivando o sucesso do projeto. São elas:

- não haver hierarquia entre os membros da equipe — quando falamos em não existir hierarquia, significa dizer que todos os membros da equipe tenham as mesmas condições de expor seus pontos de vista sem causar nenhum constrangimento aos demais; significa dizer uma hierarquia funcional e não administrativa;
- ter os seus membros atuando de forma que cada um conheça bem as forças e as fraquezas dos demais, suas competências e a divisão do trabalho;
- firmar, preferencialmente por meio de acordo, as operações que orientarão o trabalho de todos;

- identificar os *stakeholders* — pessoas impactadas no trabalho da equipe, que poderão contribuir para obtenção dos resultados esperados.

Finalmente, podemos concluir que um projeto de consultoria, para ser bem-sucedido, precisa ser bem-planejado, quer no nível estratégico, que deve fornecer a visão macro do projeto e definir claramente seus objetivos, quer nos níveis gerencial e operacional, pela definição detalhada do que precisa ser feito para que os objetivos sejam atingidos. É fundamental que um projeto de consultoria seja participativo, isto é, que tenha o envolvimento de todos os interessados (internos e externos), como forma de garantir o efetivo comprometimento de todos os envolvidos, conjugando esforços na cooperação (e não na competição) e, assim, atingindo os resultados esperados pela equipe.

A equipe precisará dominar e utilizar suas habilidades nas áreas de conhecimento identificadas de acordo com as exigências distintas de cada uma das fases do projeto, realizar o seu controle e acompanhamento e efetuar as ações corretivas que se fizerem necessárias para manter o rumo do projeto e alcançar o seu objetivo final com qualidade, no prazo determinado e ao custo previsto.

Neste capítulo tivemos a oportunidade de verificar que trabalhar por projetos traz muitas vantagens para a organização. A gestão por projetos contribui para a agilização dos processos internos e torna a organização mais competitiva.

É importante lembrar que todo projeto tem características específicas que devem ser preestabelecidas. Exemplo: escopo, recursos financeiros, tecnológicos e equipe de trabalho. Outro aspecto fundamental que vimos no decorrer do capítulo é a função controle, que permite medir o desempenho do projeto e tomar decisões que possam contribuir para alcançar o objetivo e, consequentemente, o sucesso do projeto.

Finalmente, trabalhar por projetos é estabelecer uma estrutura horizontalizada (estrutura matricial), em que as áreas envolvidas nos projetos integram-se a partir da identificação das competências das pessoas que farão parte da equipe de trabalho.

No próximo capítulo veremos como o consultor pode atuar para soluções de problemas nas organizações.

6 Operacionalizando a consultoria

Neste capítulo, trataremos das formas e conteúdos das intervenções de consultoria, sejam eles veículos diretos das políticas de gestão de pessoas, por iniciativa da liderança da organização, sejam oriundos de solicitações dos gestores, para solucionar problemas em suas áreas.

Pré-requisitos para uma atuação profissional

São três as virtudes, no exercício da consultoria, a serem praticadas desde a concepção inicial de projetos desta natureza: identificar o objeto do trabalho, estabelecer vínculos com o cliente e selecionar os melhores processos de intervenção. Vejamos cada uma.

Identificar o objeto do trabalho

A partir do que foi visto no capítulo anterior, a consultoria em gestão de pessoas estende-se muito além do limitado círculo das relações interpessoais. O foco do tratamento de uma necessidade organizacional, de maneira geral, situa-se em pessoas, grupos, processos, sistemas, estruturas, estratégias — isolada ou complementarmente. Mesmo parecendo, à primeira vista, que um problema pode estar situado em um único ponto, o profissional de consultoria e seu contratante ou cliente devem considerar o sistema de vasos comunicantes e apontar as interdependências. Nada impede que uma situação esteja circunscrita a determinada parte do organismo, mas isso somente deverá ser concluído após análise causal e relacional. Uma disfunção comportamental pode estar associada a uma política malformulada, ou ser apenas consequência de um desajuste pessoal, talvez até ambos.

Neste ponto, é preciso considerar o envolvimento do sistema-cliente. É verdade que todo o esforço de mudança deve ter o apoio da cúpula, o que não quer dizer que se tenha de começar por lá. O foco de um processo de intervenção pode ser em qualquer órgão, desde que com autonomia para agir, compromisso assumido e apoio dos centros de poder da organização.

Estabelecer vínculos com o cliente

Você não ganha a confiança do cliente impressionando-o por sua "sabedoria", conhecimento técnico ou presença constante. Há uma ingerência natural que precisa ser construída inteligentemente.

Neste sentido, intervir significa *ingressar num sistema contínuo de relacionamento, atuando entre pessoas, grupos ou objetos com o propósito de ajudá-los*. Esta definição de Argyris (1970:15) pressupõe que o sistema-objeto existe com ou sem a ajuda do consultor e que há uma grande diferença entre ajudar o cliente a tomar suas próprias decisões e levá-lo, mesmo que sutilmente, a fazer o que o próprio consultor quer.

O consultor-interventor trabalha para que um sistema se torne crescentemente eficaz, reduzindo a necessidade da ajuda externa. Por conseguinte, a construção de um bom relacionamento com o cliente baseia-se principalmente no incentivo à prática de valores de autonomia e não de dependência permanente.

Para tanto, deve-se dar valor a três competências que nem sempre são valorizadas em seu conjunto: saber ouvir (ativamente), saber perguntar (perguntas abertas, reflexivas, exploratórias, conectivas...) e saber intervir (prescrição, confrontação, catálise...).

Selecionar os melhores processos de intervenção

Ao selecionar processos de intervenção, especialmente em gestão de pessoas e visando ao aumento da performance, a dupla consultor-cliente precisa ter um razoável entendimento quanto às metodologias a adotar.

A prática recomenda que, na maioria dos casos, apliquem-se técnicas e conhecimentos disponíveis e, portanto, já testados. Isto não significa que o cliente esteja comprando um "pacote fechado" pressionado pelo consultor. A ciência é experimental por natureza, e a referência a sucessos anteriores é importante. O problema é quando o processo é sugerido sem considerar os demais componentes da decisão.

Daí para a frente começa um caminho mais sinuoso, pois parte de uma situação em que determinado processo conhecido é utilizado, mas com uma certa dose de liberdade para adaptação. É o que costumeiramente se chama de *customizar* a intervenção levando em conta certas características específicas do problema e do cliente. Atinge-se um nível mais complexo quando não se encontra conhecimento anterior armazenado sobre o assunto e quando o cliente está aberto a um desenvolvimento peculiar, o que exige consultores maduros e experientes. Quando não o são, assumem o risco de teorizar sobre o vazio, especialmente por desconsiderarem os parâmetros técnicos básicos.

Uma vez tomados os cuidados profissionais quanto aos pressupostos da consultoria, convém lembrar que, quando mencionamos gestão de pessoas, estamos também nos referindo a desenvolvimento organizacional, definido por Olson e Eoyang (2001:XVII) como:

> um processo colaborativo de aplicação da ciência do comportamento, baseado em valores e com abrangência sistêmica, de forma a adaptar o desenvolvimento, melhoramento e fortalecimento de estratégias, estruturas, processos, pessoas e culturas às necessidades de excelência organizacional.

O espectro das intervenções

Por esta ou outra perspectiva de gestão, temos aí um *continuum* que vai desde a necessidade do indivíduo isoladamente até a organização total. Vejamos, então, algumas características de intervenção conforme o ambiente em que ocorre.

Quando a intervenção é em nível individual

Talvez a mais conhecida intervenção seja o treinamento. No final de um programa, cada treinando leva consigo determinado nível de aproveitamento que será acrescentado a uma ou a várias competências suas (conhecimento, habilidades e atitudes). Embora processos de aprendizagem coletiva sejam largamente utilizados, o alvo é o indivíduo.

Os diversos instrumentos para atrair, desenvolver e manter talentos na organização estendem-se desde a fase anterior à admissão até a posterior à demissão. São inúmeras as oportunidades existentes, algumas delas incorporadas aos processos normais da organização, outras utilizadas especialmente. O melhor apoio que um gestor de pessoas pode receber é quanto à integração de determinado instrumento não só à sua própria necessidade, como também às políticas e normas gerais da empresa. Como as decisões sobre pessoas são sempre mais difíceis (e não mais complexas), o gestor precisa elevar o seu grau de segurança e, nesse sentido, os instrumentos servem para isso. As pessoas, por sua vez, também precisam aumentar a consistência nas relações com a tarefa, com outras pessoas, com seu superior hierárquico e com a organização como um todo.

Algumas intervenções mais conhecidas são explicitadas a seguir.

- *Assessment* individual: instrumento geralmente em forma de questionário que identifica e situa diferentes tipos de personalidade, competências ou modelos de comportamento do indivíduo e seu impacto no ambiente, tanto em termos reais quanto potenciais. Apresenta facilidade e praticidade de aplicação e devolução. Entre os mais conhecidos internacionalmente — também utilizados no Brasil — estão Disc (em suas diversas feições) e Myers-Briggs (MBTI).
- Avaliação (análise) de desempenho: processo conduzido pelo gestor do indivíduo ou pelos seus circunstantes (até 360°) para determinar o nível de desempenho no cargo de acordo com determinados objetivos e comportamentos, fornecendo *feedback*. Trata-se de instrumento bastante utilizado, mas nem por isso menos complexo, já que sua aplicação está muito ligada à cultura organizacional.
- Treinamento em serviço (*on-the-job*): processo desenvolvido entre treinador e treinando no próprio local de trabalho, enquanto o treinando está executando atividades produtivas. Trata-se de um antigo meio para capacitar pessoas, embora muitas vezes despido de uma estrutura lógica de ensino e aprendizagem.

- *Coaching* e *mentoring*: *coaching* é um processo de instrumentar pessoas com ferramentas, conhecimento e oportunidades necessárias ao seu desenvolvimento, geradoras de melhores resultados. O próximo capítulo apresentará mais detalhes sobre *coaching*. *Mentoring* é o apoio fora da linha hierárquica a uma pessoa em transições significativas em conhecimento, trabalho ou modo de pensar.

O repertório de intervenções individuais é grande e inclui, entre outros, modelagem de competências, inventários diversos, *outplacement*, comunicação, *feedback*, autoeducação, redesenho de cargo, ergonomia, ferramentas auxiliares de trabalho (*job aids*) e qualidade de vida.

Quando a intervenção é em nível grupal

A rigor, existe uma categoria intermediária, que é o nível interpessoal, no qual as intervenções são do tipo esclarecimento de papéis, administração de conflitos e diálogos estruturados. Consideraremos aqui o âmbito grupal, ou de equipe, foco maior de ações de consultoria.

Este é um tipo de intervenção mais concentrado, embora também mais complexo, já que envolve a interação de pessoas em busca de objetivos.

Ouve-se tanto falar em equipe que parece que todo mundo já nasceu sabendo trabalhar em equipe, quando, de fato, esta é uma competência a ser aprendida. É um trabalho meticuloso de permanente construção de soluções operacionais. Há algumas falácias tentadoras: decidir em conjunto é confundido com espírito de equipe; tomar uma decisão isoladamente pode ser visto como autoritarismo; algumas práticas grupais, como o assembleísmo, não são tão democráticas e, muitas vezes, são mais autoritárias do que a decisão solitária.

Assim, trabalho em equipe é uma prática que exige a combinação de diversos fatores, desde a adoção de valores comuns até o incentivo à ação isolada.

O aumento da importância do trabalho em equipe para as organizações ocorreu em função da conjugação de uma série de fatores que, hoje, estão presentes nas mais diversas situações. No cerne está a ideia de trabalho colaborativo, que substituiu o tradicional trabalho centrado no indivíduo ou no cargo. No próximo capítulo serão mostradas algumas estratégias de trabalho em equipe.

Quando a intervenção atravessa os "silos" da organização

A expressão "silos" tornou-se habitual para se identificar porções (diretorias, departamentos) de uma organização que são gerenciadas como unidades isoladas, com baixa comunicação com os demais sistemas. Muitas vezes, são consideradas territórios intocáveis e unidades de exercício de poder individual. É possível que você os identifique na organização em que trabalha. Quando suas prioridades se chocam com as de outras unidades, em temas que exigem entendimento comum, estabelece-se o conflito intergrupal, cuja administração requer diferentes ferramentas daquelas utilizadas para fortalecer uma equipe.

Trata-se, neste nível, de fazer prevalecer a perspectiva e os interesses maiores da organização, já que o problema é superior ao de ambas as partes. São clássicos os conflitos entre sede e campo, vendas e produção, matriz e filiais, operações e manutenção. Em fusões e aquisições, tende a haver conflito entre as empresas envolvidas, seja pela dificuldade de estabelecer convergências, seja por não haver um passado comum ou, ainda, pela diferença de culturas. Outros tantos ocorrem quando há fragilidade no estabelecimento de valores e políticas comuns.

Podemos observar a convivência de diferentes setores ou equipes, pelo menos de quatro maneiras:

- independência — cada um por si, com baixa noção da necessidade do outro, o que caracteriza uma cultura de isolamento;
- dependência — a organização é dividida entre vencedores e perdedores, ou fortes e fracos, conforme o histórico de sucesso de cada área, o que caracteriza uma cultura de dominação;
- interdependência — os padrões de relacionamento são voltados para a convivência produtiva, com boas práticas interdepartamentais, o que caracteriza uma cultura de equilíbrio;
- protocolo — as trocas são realizadas formal e automaticamente; a conveniência do relacionamento é mais importante que seus resultados.

As organizações frequentemente tentam administrar seus conflitos intergrupais por meio da linha hierárquica, impedindo que os diferentes níveis da estrutura resolvam seus problemas diretamente entre si. Esta é uma prática que sobrecarrega e atrasa o processo decisório, além de frustrar as expectativas de desempenho de cada equipe.

Os modernos conceitos de conectividade referem-se à necessidade imperiosa de ocupar os espaços vazios entre as diferentes unidades, imagem facilmente assimilável quando se imagina o espaço entre as caixas de um organograma.

Quando a intervenção envolve toda a organização

O alcance da consultoria em gestão de pessoas estende-se além do tratamento entre as suas partes, isolada ou complementarmente. As grandes mudanças ocorrem quando determinada temática cobre toda a organização ou, pelo menos, as unidades que têm autonomia para decidir seus caminhos.

Um departamento de vendas, por exemplo, não chega a ser uma unidade de negócios porque está contido em uma estrutura maior. Uma filial internacional, por sua vez, encaixa-se nesse conceito porque tem as variáveis necessárias para uma intervenção integrada. Tudo depende de como a organização define sua estratégia, seus sistemas decisórios e controles. Uma política de encarreiramento gerencial, por exemplo, quando se trata de uma organização global, não pode ficar confinada a uma unidade, mas deve considerar a organização global.

Ao refletirmos institucionalmente, reconhecemos que as ferramentas mais completas e complexas, destinadas a dar curso e vida às organizações, são as ligadas ao planejamento estratégico. Se tomado em sua inteireza, esse processo se inicia por meio da prática do pensamento estratégico. Trata-se do exercício aplicado às ações do dia a dia, ao associá-las ao futuro, mesmo que este seja diferente.

Daí é que nasce o *visioning*, uma atividade que precede as fases mais instrumentais do planejamento estratégico. É o processo de definir, preferencialmente em termos mensuráveis, o futuro que a organização deve estar empenhada em atingir. Uma definição bem-construída serve a três objetivos: esclarecer o sentido da mudança (onde queremos estar e quando), estimular as pessoas a seguir aquele caminho e coordenar as ações de diferentes pessoas de maneira eficiente e eficaz. A estratégia, então, será a urdidura do alinhamento, da lógica de como a visão será atingida, o que dá lugar a objetivos, planos e outras projeções de apoio.

A referência estratégica é essencial para o consultor, pois permite subordinar a parte ao todo, o presente ao futuro, a ferramenta à finalidade.

As intervenções que ligam comportamentos a resultados podem estar contidas no desenvolvimento de sistemas técnicos, caso das implantações de ERPs (sistemas informatizados de gestão), quando a preparação e o envolvimento de pessoas e grupos é essencial para a absorção de inovações e novos modelos. Diga-se de passagem que muitas tentativas de romper o *status quo* encontraram enormes dificuldades exatamente porque as pessoas não foram devidamente envolvidas para a mudança, isto é, não houve intervenção no sistema humano.

As intervenções também podem estar ligadas a sistemas de apoio estratégico, especialmente no que se refere ao uso de métricas para determinar o sucesso da organização. As métricas são hoje fundamentais a qualquer esforço de mudança planejada, pois associam investimentos a resultados definidos e geram informações que afetam todas as fases do processo gerencial. A mais conhecida ferramenta atualmente em prática é o *balanced scorecard* (BSC). Suas premissas são de estar vinculada à estratégia da empresa e apoiada no ambiente externo. No que se refere às métricas aplicáveis à gestão de pessoas, o interessante é que elas exploram as oportunidades de geração de valor e consideram os recursos humanos um parceiro estratégico. Esta ferramenta será explorada no capítulo que se segue.

Apesar de termos, até agora, dado alguma ênfase aos chamados sistemas técnicos, não há como ignorar o outro lado da mesma moeda, ou seja, sua complementação humana. Sua maior expressão é a cultura organizacional. Possui tantos componentes que nem sempre é fácil isolá-los. O primeiro cuidado do consultor é saber se está diante de um problema de cultura. O segundo é não confundir cultura com clima, este, uma fotografia de determinado momento.

Schein (2007:39), revisitando seu conceito original de cultura, diz que o que direciona a cultura — sua essência — são as certezas tácitas aprendidas e compartilhadas nas quais as pessoas baseiam seu comportamento diário. Ela resulta no que é popularmente conhecido como "o jeito como fazemos as coisas por aqui", mas nem os funcionários de uma organização conseguem, sem ajuda, reconstruir as certezas nas quais o comportamento humano diário se baseia.

A definição leva o consultor de gestão de pessoas a observar e discutir com seu cliente o seguinte, antes de definir um curso de ação:

- comportamento — linguagem, costume e tradições;
- normas — padrões e valores;
- filosofia — missão;
- regras do jogo, formais e informais, aplicáveis a todos;
- clima nas interações na organização;
- paradigmas e atos de pensar e agir;
- rituais e símbolos;
- história.

Cada uma destas referências desdobra-se em componentes e aqui, de novo, surge a imagem do *iceberg*, com a cultura dando base submersa para os comportamentos aparentes.

Embora a mudança de cultura seja um longo processo (mesmo as mudanças por decreto não se materializam com rapidez), as organizações utilizam-se de outras ferramentas principais para acompanhar as expectativas de seus membros quanto aos melhores comportamentos a adotar, que são a pesquisa de opinião e a pesquisa de clima. Ambas são muito próximas e atualmente existem no mercado inúmeros softwares à disposição dos clientes.

A maior preocupação quando se decide por uma pesquisa diz respeito à disposição da organização para considerar e implantar mudanças. Não se ouvem funcionários apenas para saber o que pensam, mas para lhes dar oportunidade de demonstrar onde as mudanças devem ser feitas. Pesquisas sem planos de melhoria são convites à frustração e resistência em ocasiões futuras.

Quando as intervenções são de conteúdo ou transacionais

Outras intervenções que envolvem toda a organização, como as típicas dos sistemas e dos processos de recursos humanos, como remuneração e benefícios, planos de treinamento, sistemas de informação de recursos humanos, gestão do conhecimento e competências, planejamento de carreira, avaliação de desempenho e potencial, relações trabalhistas e sindicais, qualidade de vida, responsabilidade social corporativa, planejamento de sucessão, entre outros, são objeto de abordagem nos demais livros da Série Gestão de Pessoas, das Publicações FGV Management.

O importante é ressaltar que o gestor não precisa conhecer as técnicas, mas saber decidir. Para tanto, utiliza os processos mentais típicos de uma boa formação gerencial e o apoio do consultor em identificação, instrumentação das intervenções e avaliação. Mesmo que o consultor não seja responsável pelas decisões do gestor em sua área, ele o é como profissional que deve, acima de tudo, contribuir para os resultados de seu cliente e da organização total.

Como fazer

Sabendo-se que um processo de intervenção comporta um ciclo e ocorre em várias fases (capítulo 4), vale chamar a atenção para cuidados a tomar em cada uma delas, sumarizados na lista a seguir.

- Na fase de contratação:
  - compreender as expectativas do cliente;
  - acordar sobre problema a solucionar;

- definir responsabilidades;
- obter o apoio necessário da liderança.
- Na fase de diagnóstico:
  - estabelecer um bom clima de trabalho;
  - definir fatores, método de coleta de dados e análise;
  - respeitar cronogramas;
  - acordar sobre indicadores de desempenho.
- Na fase de intervenção e implementação:
  - definir instrumentos e dar suporte ao cliente;
  - idem aos clientes finais do serviço;
  - propor ajustes;
  - preparar a saída.
- Na fase de acompanhamento:
  - fazer correções e ajustes via intervenções selecionadas;
  - medir resultados;
  - repactuar ou encerrar.

Não é apenas ao consultor que tais comportamentos devem ser prescritos. Na poltrona em frente há um cliente que também precisa ter *expertise* em gestão de consultoria, caso contrário ficará à mercê dos processos que o consultor adotar. Dessa forma, cabe ao gestor ter em mente as necessidades aqui descritas para poder extrair o máximo de seu contratado, mesmo que seja um consultor interno. Muito se fala em técnicas de consultoria e pouco em sua gestão. Esta, então, é uma competência compartilhada entre gestor e consultor, e deve ser bem-entendida desde o início da relação.

Neste capítulo, a organização foi dividida em todas as suas porções consultáveis, e você foi apresentado às diversas maneiras de agir conforme a dimensão dos problemas. No capítulo seguinte, você conhecerá algumas técnicas de consultoria.

7

Intervenções em gestão de pessoas

Para que você tenha mais intimidade com ferramentas em consultoria de gestão de pessoas, selecionamos quatro exemplos de intervenção: gestão da mudança, BSC, desenvolvimento de equipe e *coaching*. Cada um deles explora um campo específico, do geral ao particular. Conhecer tais intervenções não o tornará um especialista — e nem é este o objetivo do livro —, mas o ajudará a compreender sua adequação a determinadas demandas de seus clientes.

Gestão da mudança

A gestão da mudança para a função de consultoria é um grande desafio e pode ser considerada, mais do que um instrumento, como uma de suas principais atribuições e responsabilidades, pois, na verdade, tudo o que envolve a atuação de um consultor pressupõe a transformação de um processo, política ou comportamento, seja este organizacional, de grupo ou individual. De qualquer forma, contempla a adoção de uma atitude diferenciada, no mínimo por parte daqueles que estão intimamente relacionados ao objeto da mudança.

Este processo torna-se premente, visível e necessário quando os resultados alcançados pelas empresas, áreas, departamentos ou indivíduos não alcançam o mínimo necessário para sua continuidade ou crescimento.

O grande risco refere-se à obtenção ou não da internalização da mudança. É muito comum as empresas adotarem uma nova forma de atuação por imposição ou necessidade. Porém, na medida em que a rotina diária é restabelecida, os padrões de comportamento convencionais voltam de forma ainda mais forte, tornando mais difícil o resgate do que foi implantado.

Para tanto, é imprescindível considerar três etapas quando tratamos de um processo de gestão de mudança nas organizações: o envolvimento, o desenvolvimento e a internalização. Aliada a isso, encontramos a questão da resistência à mudança inerente ao ser humano. Sem o olhar adequado a esse aspecto, nada pode ser feito e nem a fase de envolvimento pode ser iniciada.

Imaginemos uma situação em que, toda vez que repitamos um determinado comportamento, saibamos exatamente em que ponto vamos chegar ou qual resultado irá surgir em função de nossa atitude. Certamente isso traria mais tranquilidade e, nesse caso, estaríamos usando o nosso pensamento linear.

Ao contrário, quando buscamos alternativas de solução ou pensamos em modificar algo em nossa vida, o receio que sentimos baseia-se na falta de certeza de que resultados poderemos encontrar ao final, ou se realmente vamos encontrar algum resultado. É por isso que, muitas vezes, mesmo sofrendo as consequências de uma determinada atitude, levamos algum tempo para percebê-la ou sentir a necessidade de alterá-la.

Cabe ao consultor mostrar, no menor espaço de tempo possível, quais serão as consequências, de modo a abrir espaço para uma transformação menos dolorosa e mais consciente.

Encontramos três tipos mais comuns de resistentes à mudança, que devem ser considerados pelo consultor:

- os conservadores — são os que mais resistem às mudanças, sendo necessário um trabalho que valorize uma evolução gradual e consistente, para que possam efetivamente aderir e envolver-se com a nova perspectiva;
- os pragmáticos — embora sejam aparentemente flexíveis, ainda demonstram indecisão e incredulidade caso a mudança não traga resultados práticos e imediatos;
- os inventivos — passam boa parte de seu tempo buscando mudanças muitas vezes até radicais.

Cabe ao consultor identificar tais tipos e administrar cada um deles da forma mais adequada, considerando todos os aspectos objetivos e subjetivos da situação de mudança.

A credibilidade, o conhecimento e a empatia, portanto, são aspectos importantes na atuação do consultor, já que estes auxiliam a criar ou ampliar o vínculo de confiança. Quanto mais o consultor apresenta resultados palpáveis de seu trabalho, demonstra grande conhecimento relativo ao assunto em que está atuando e consegue estabelecer relações saudáveis com seus interlocutores, maiores são as probabilidades de superar as objeções que lhe são colocadas e de reduzir consideravelmente a resistência apresentada.

A presença ou a inserção de um patrocinador constitui-se em outro fator facilitador nesse processo. Entende-se como patrocinador aquela pessoa que ocupa uma posição na organização e que é vista como referência. Neste contexto, a contribuição ao trabalho do consultor pode vir a partir das situações de apoio quanto a recursos, manutenção do tema em pauta e até ações para redução das resistências.

A aliança estabelecida pelo consultor com este patrocinador pode trazer grandes frutos, e a sua atuação, a partir daí, vai estar relacionada à sua capacidade em conduzir adequadamente as três etapas citadas anteriormente e que serão mais detalhadas a seguir.

Fase 1: o envolvimento

É de extrema complexidade o trabalho do consultor nesta etapa. Para que possa alcançar resultados em qualquer mudança proposta, é necessário que haja envolvimento das pessoas e áreas que farão parte do processo. Podemos considerar que há envolvimento quando se percebe que o agente da mudança já entende, compactua e tem ao menos a intenção de realizar algo em prol do acontecimento daquela mudança.

Para isso, a tarefa do consultor consiste não só em transmitir o conhecimento necessário à execução da mudança, como também identificar e valorizar os possíveis impactos e resultados que poderão advir, associando-os aos benefícios e às oportunidades inerentes ao processo. Além disso, o monitoramento e constante reforço, a partir de históricos e *benchmarking*, podem contribuir para o alcance desse intento.

Deve começar a surgir, nesta etapa, o desenvolvimento do desejo e a criação do interesse, para que haja a disponibilidade para o comprometimento com a ação posterior, que será o fruto de todo este trabalho.

Quando o envolvimento ocorre, o nível de motivação dos indivíduos já se encontra em um estágio em que dificilmente haverá regressão à situação anterior. Neste momento, inicia-se o processo de desenvolvimento.

Fase 2: o desenvolvimento

Não há desenvolvimento sem que haja envolvimento. O ser humano precisa envolver-se com algo que lhe é importante, útil ou necessário para que ele possa, então, "des-envolver" essa nova competência, habilidade ou atitude.

Em se tratando de apenas um aspecto, isso nos parece muito simples. Quando consideramos áreas inteiras ou até mesmo toda uma organização, é preciso ajustar todo o processo de envolvimento das pessoas para que se inicie em conjunto o processo de desenvolvimento.

Nesse aspecto, encontra-se mais uma atividade-chave para o consultor. Alguém com a experiência, formação e perfil compatível certamente terá mais facilidade em localizar o ponto ideal para dar continuidade ao processo de mudança.

Podemos situar o termo desenvolvimento, portanto, como a capacidade que temos em descrever a situação atual ou real, identificar a situação ideal ou desejada, definir a lacuna existente e utilizar todo o conhecimento que adquirimos durante o envolvimento, para eliminá-la ou reduzi-la de modo a alcançarmos o resultado previsto ou esperado.

Mas o processo de mudança não se encerra aí. Como dito, podemos, em nível racional, chegar a várias conclusões sobre a necessidade de mudança, mas mesmo assim resistirmos quando nos deparamos com o momento de sua implementação. Sabemos que a partir daí o retorno torna-se mais difícil e desgastante. Portanto, precisamos internalizá-la, como meio de transformar algo que não está nos satisfazendo ou aos nossos ambientes de trabalho.

Fase 3: a internalização

Até agora, as etapas apresentadas para o processo da mudança foram baseadas em dados, fatos e pensamentos lógicos.

Neste momento, talvez o que exija maior atenção por parte do consultor seja a necessidade de trabalhar com emoções e sentimentos. Somente desta forma será possível uma mudança substancial de atitude na qual, para conseguirmos continuar galgando o processo de crescimento, é imprescindível que tenhamos fechado um ciclo.

A utilização da prática dos novos parâmetros e a visualização do que se conseguiu obter com as ações diferenciadas contribuem com a internalização. A sensação de conforto somente será reinstalada na medida em que razão e emoção se integrarem ao novo processo e isso passar a fazer parte de nosso ritual diário.

As próximas transformações terão que iniciar na primeira etapa, e assim sucessivamente. As ações de *feedback* e a criação de novas necessidades é que darão margem a um novo processo de mudança. A facilitação ou a intermediação do consultor permite aos envolvidos não só a internalização dos pontos de mudança, como também auxilia na predisposição para uma maior abertura quando da necessidade de novos processos ou novas transformações. A análise final comparativa entre a situação anterior carente de melhorias e a nova realidade constitui um fechamento do trabalho do consultor nesse processo de gestão de mudança nas organizações, embora ressaltemos que a mudança atualmente é constante e contínua, o que valoriza e reforça cada vez mais a necessidade deste tipo de atuação.

Outra metodologia utilizada e que pode ser acoplada à gestão das mudanças nas organizações é o *balanced scorecard*, apresentado a seguir.

A metodologia balanced scorecard (BSC) como ferramenta para a gestão de pessoas

O BSC, segundo seus criadores Robert S. Kaplan, professor de Harvard, e David P. Norton (1997a), é um sistema de indicadores que impulsionam o desempenho das organizações.

Scorecard significa, em inglês, o cartão para registro de resultados; *balanced* é equilibrado, balanceado. O nome mostra, assim, a característica fundamental dessa ferramenta de implementação da estratégia: o equilíbrio entre indicadores de desempenho. "Medir é importante: o que não é medido não é gerenciado" (Kaplan e Norton, 1997a:21).

O BSC traduz missão e estratégia em objetivos e medidas organizadas, segundo quatro perspectivas diferentes: financeira, do cliente, dos processos internos, e do aprendizado e crescimento.

Inicialmente, as organizações se baseavam apenas nos ativos tangíveis (financeiros). Hoje, as empresas em todo o mundo estão se transformando em um ambiente de competitividade baseado em informações e na capacidade de se adaptar às exigências do mercado.

O BSC veio complementar os indicadores financeiros tradicionais com os indicadores das outras três perspectivas — a dos clientes, dos processos internos, e do aprendizado e crescimento. Essa complementação permite visualizar que o BSC pode ser utilizado como um sistema gerencial estratégico, conforme o quadro 1.

Quadro 1

O *BALANCED SCORECARD* E A ESTRUTURA OPERACIONAL

Finanças	Aprendizado e crescimento	Clientes	Processos internos
Para ter sucesso financeiro, como devemos ser vistos pelos acionistas?	Para alcançar nossa visão, como sustentaríamos nossa capacidade de mudar e melhorar?	Para alcançar nossa visão, como deveríamos ser vistos pelos nossos clientes?	Para satisfazer nossos acionistas e clientes, em que processos e negócios deveríamos alcançar a excelência?

Fonte: Serra et al., 2004:119.

Os gestores, ao utilizarem o BSC, não precisarão depender somente dos resultados financeiros de curto prazo como únicos indicadores de desempenho da organização. Como podemos perceber, na figura 8 existe uma integração entre as perspectivas do BSC.

Figura 8

RELAÇÕES DE CAUSA E EFEITO DAS QUATRO PERSPECTIVAS DO BSC

Estratégia	Financeira	Clientes	Processos internos	Crescimento e aprendizado
Objetivos estratégicos	*Receita e lucro*	*Quais são os segmentos de mercado?*	*Quais são os processos críticos?*	*Investimento Capacitação Sistemas Procedimentos*

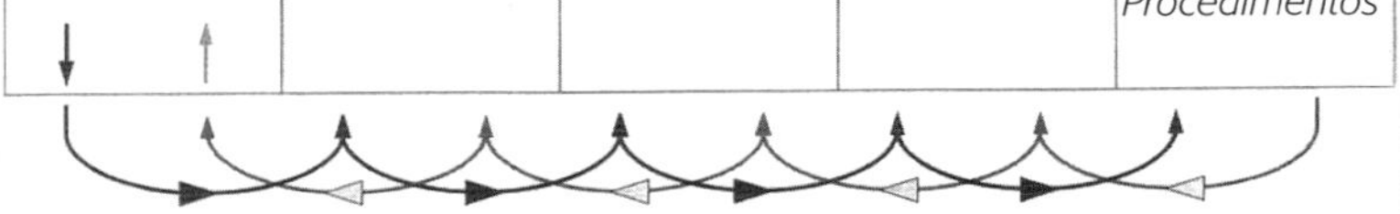

Fonte: Serra et al., 2004:120.

Todos os indicadores identificados no BSC não podem ser vistos e analisados separadamente. Devem fazer parte de uma relação de causas e efeitos entre as quatro perspectivas (financeira, clientes, processos internos, e crescimento e aprendizado). Dessa forma, o BSC não é uma ferramenta de objetivos isolados, e sim, integrados, em que o resultado de um objetivo vai impactar o resultado de outro objetivo e assim sucessivamente, conforme demonstrado na figura 9.

Kaplan e Norton recomendam que os indicadores tenham alguns requisitos, tais como:

- disponibilidade — facilidade de acesso para coleta, estando disponível a tempo;
- simplicidade — facilidade de ser compreendido;
- adaptabilidade — capacidade de resposta às inovações;

- estabilidade — permanência no tempo permitindo a formação de série histórica;
- rastreabilidade — facilidade de identificação da origem dos dados, seu registro e manutenção;
- representatividade — atender às etapas críticas do processo.

A gestão da estratégia: quatro processos

O BSC introduz quatro novos processos gerenciais, que contribuem para a integração dos objetivos estratégicos de longo prazo com ações de curto prazo (figura 10).

O primeiro processo: tradução da visão — é o esclarecimento da visão e a construção do consenso pela estratégia da organização.

Figura 9

RELAÇÃO DE CAUSA E EFEITO ENTRE OS INDICADORES DO BSC

Perspectiva	*Relação de causa e efeito*	*Objetivos*	*Indicadores*	*Metas*	*Iniciativas*
Finanças	Lucratividade ↑ Aumento da receita	Crescimento rentável do negócio	Receita operacional Vendas x ano anterior	20% de aumento 12% de aumento	Programas "como"
Clientes	Qualidade do produto → Experiência Compras	Qualidade do produto de um associado qualificado	Taxa de retorno Lealdade do cliente	Reduzir em 50% a cada ano 60% e 2,4 unidades	Programa de gerenciamento da qualidade Programa de lealdade do cliente
Processos internos	Fábricas "classe A" ↔ Plano em linha de gerenciamento	Melhorar o desempenho da fábrica	Percentual de mercadorias de fábricas "classe A" Itens em estoque x planejado	70% até o terceiro ano 85%	Programa de desenvolvimento corporativo da fábrica
Aprendizado e crescimento	Habilidades de relacionamento Habilidades de compra/planejamento	Treinar e equipar a força de trabalho	Percentual de habilidades estratégicas disponíveis	Ano 1 = 50% Ano 3 = 75% Ano 5 = 90%	Plano de habilidades estratégicas "Mesa" dos comerciantes

Fonte: Serra et al., 2004:129.

O segundo processo: comunicação e expressão — corresponde à divulgação da estratégia por toda a organização. Implica comunicação e educação, definição dos objetivos e conexão das recompensas aos indicadores de desempenho.

O terceiro processo: planejamento de negócios — permite que a organização integre o plano de negócios e o plano financeiro. Implica definição de metas, alinhamento das iniciativas estratégicas, alocação de recursos e fixação de marcos.

O quarto processo: *feedback* e aprendizagem — proporciona às organizações o que se pode chamar de "lições aprendidas". Implica articulação da visão compartilhada, fornecimento de *feedback* estratégico e facilitação da revisão da estratégia e do aprendizado.

Figura 10

Gestão estratégica: quatro processos

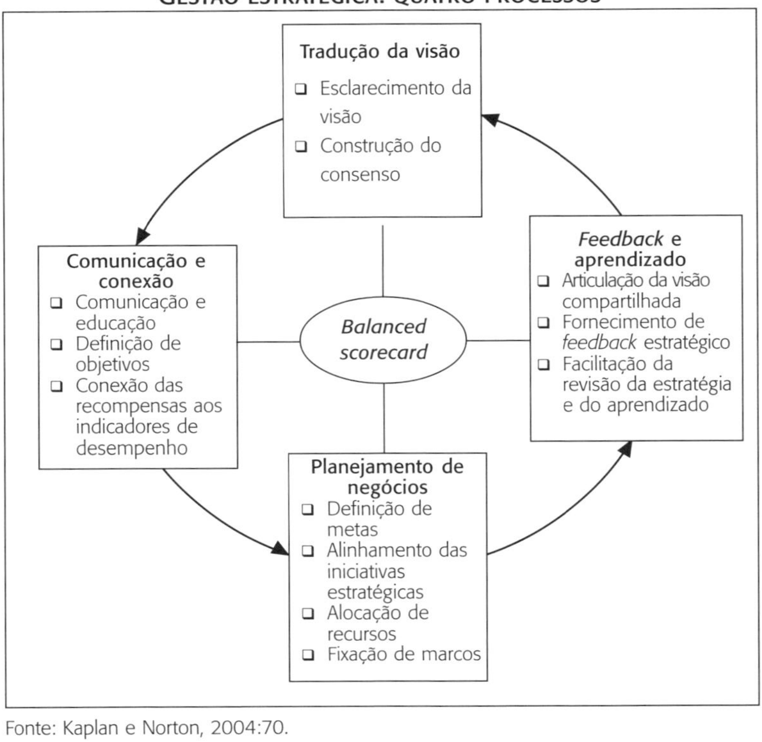

Fonte: Kaplan e Norton, 2004:70.

Como visto, as perspectivas do BSC trabalham de forma integrada, na qual podemos observar as interferências e consequências do desempenho dos indicadores de cada perspectiva.

O BSC na gestão de pessoas

Rummler e Brache (1995) nos apresentam os três níveis de desempenho de uma organização, nos quais estabelecem a importância das pessoas nos processos executados. Elas são consideradas agentes transformadores em cada área envolvida.

A área de RH vem se destacando pela crescente importância da gestão eficaz de pessoas em toda a organização. Cabe a ela medir o desempenho dos funcionários da organização e avaliar a própria eficácia das suas ações.

O uso de indicadores impulsionadores de desempenho tem ajudado a área de RH no sentido de alinhar suas ações às estratégias de negócio das empresas (Kaplan e Norton, 1997b).

Seguindo essa linha de raciocínio, os resultados alcançados e verificados durante toda a execução dos processos, por meio do monitoramento dos indicadores do BSC servirão de insumos para as ações de correção e melhoria. A ação inclui aprendizagem, como preconiza Senge (1998).

Desta forma, é necessário que o gestor faça alguns questionamentos básicos:

- Por que medir?
- Quanto você gostaria de melhorar o desempenho de sua área?
- O que você deseja que seja modificado?
- Qual o desempenho alcançado?
- É necessário monitoramento?

Para uma melhor compreensão do uso de indicadores na área de RH, apresentamos a seguir alguns deles:

- rotatividade dos funcionários;
- absenteísmo;
- grau de escolaridade;
- tempo de treinamento;
- quantidade de horas trabalhadas;
- produtividade;
- satisfação dos colaboradores;
- custos com treinamento;
- treinamentos oferecidos;
- treinamentos realizados;
- quantidade de sugestões/críticas dos colaboradores;
- indicadores relacionados à saúde ocupacional.

Segundo Brecker e coautores, (2001:21),

> hoje, na maioria dos setores, é possível comprar no mercado internacional máquinas e equipamentos comparáveis aos das principais empresas globais. O acesso a itens de ativo fixo não mais representa o fator diferenciador; atualmente, a distinção resulta da capacidade de usar esses recursos com eficácia. A empresa que perder todos os seus equipamentos, mas preservar as habilidades e conhecimentos da força de trabalho, retornará aos negócios com razoável rapidez. A empresa que perder sua força de trabalho, mas mantiver seus equipamentos, jamais se recuperará.

Brecker e coautores apresentam o modelo de sete fases para a implementação do BSC como ferramenta para a função estratégica de gestão de pessoas.

Fase 1: defina com clareza a estratégia de negócios

Os responsáveis pela área de gestão de pessoas auxiliam nos procedimentos sobre como divulgar, por toda a organização, as estratégias estabelecidas. Tomar ciência das estratégias de forma clara e objetiva, para os empregados, se torna muito importante, uma vez que cada empregado deve saber o seu envolvimento em relação às ações que desenvolve e, ao mesmo tempo, sentir-se responsável e comprometido.

Fase 2: desenvolva um argumento de negócios para gestão de pessoas como ativo estratégico

Os responsáveis pela área de gestão de pessoas desenvolvem e apresentam à alta administração argumentos de como tal gestão pode fazer parte da estratégia e apoiar em sua execução (figura 11).

Figura 11

O SISTEMA DE RH E A IMPLEMENTAÇÃO ESTRATÉGICA

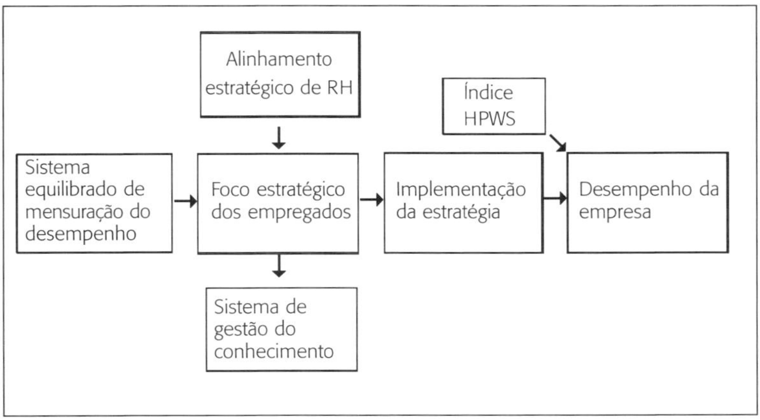

Fonte: Brecker et al., 2001:158.

Fase 3: crie um mapa estratégico

A criação de um mapa estratégico fornece aos gestores da organização o que chamamos de "cadeia de valor" da empresa, ou seja, a viabilização da integração dos diversos indicadores de cada perspectiva do BSC (figura 12).

Figura 12

Cadeia de valor de uma organização segundo Kaplan e Norton

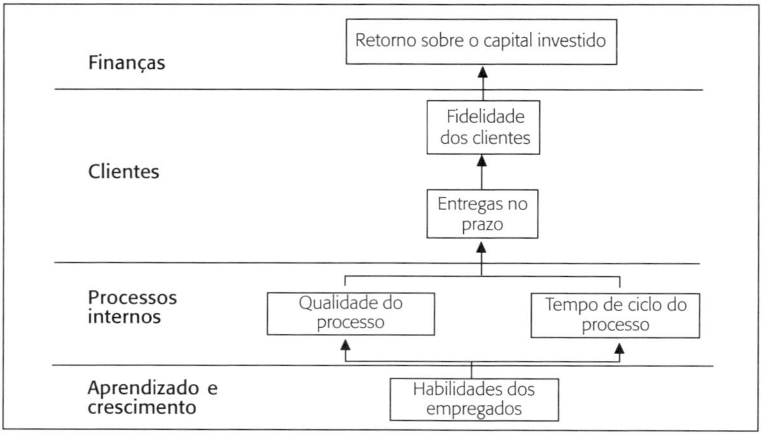

Fonte: Brecker et al., 2001:46.

Fase 4: identifique os produtos de gestão de pessoas dentro do mapa estratégico

A partir da criação do mapa estratégico, a área de gestão de pessoas deve identificar os pontos em que ela deve atuar, auxiliando, de forma direta ou indireta, a execução da estratégia.

Como exemplos de produtos de gestão de pessoas, podemos ter: identificação das competências e habilidades, grau de motivação dos funcionários, disponibilidade e critérios para ações de reconhecimento e recompensas.

Fase 5: alinhe a arquitetura de gestão de pessoas aos produtos

A estrutura organizacional da área de gestão de pessoas tem de ser adequada à estrutura da organização. O dinamismo do mercado pode obrigar as organizações a modificar os seus processos internos, o que pode ter como consequência mudanças na sua estrutura organizacional.

Em vista disso, a estrutura da área de gestão de pessoas deve estar sempre em sintonia com as mudanças da organização para que não haja nenhuma incompatibilidade de ações entre as áreas executantes das estratégias e a área de gestão de pessoas.

Fase 6: projete o sistema estratégico de mensuração de gestão de pessoas

Esse passo permite ao gestor de pessoas estabelecer indicadores e atribuir valores a esses indicadores, sejam financeiros ou não financeiros.

Fase 7: implemente a gestão por mensuração

Essa implementação da gestão por mensuração é muito mais do que um simples monitoramento das ações desenvolvidas. Requer um acompanhamento bem próximo das atividades, resultando em ações de manutenção ou realinhamento das estratégias. Assim, podemos verificar que a implementação da gestão por mensuração passa por cinco fases.

1. identificar o indicador;
2. atribuir um valor a esse indicador;
3. medir o processo;
4. comparar a segunda fase com a terceira fase;
5. agir — manutenção ou realinhamento da estratégia.

Concluindo, segundo Brecker e colaboradores (2001), o BSC, aplicado à gestão de pessoas, possibilita duas funções básicas:

- gerenciar RH como ativo estratégico organizacional;
- demonstrar a contribuição de RH para o sucesso financeiro e não financeiro da organização.

Desenvolvimento de equipe

Como demonstramos, trabalho em equipe é, acima de tudo, uma competência a aprender, o que pode ser observado desde uma unidade de trabalho até a organização total, isto é, na maneira como processos e sistemas são gerenciados.

Isto facilita a identificação da necessidade e sua localização. Não que um esforço só possa acontecer se toda a organização trabalhar em equipe. Com frequência, um gestor decide isoladamente superar determinadas limitações em sua área, como, por exemplo, atingir metas comuns e solicitar uma intervenção para fortalecer sua equipe.

O quadro 2 demonstra algumas evidências na estruturação de uma organização por equipes.

Quadro 2

HIERARQUIA TRADICIONAL *VERSUS* ESTRUTURA EM EQUIPES

De	Para
Alta especialização de cargos e fragmentação	Processo voltado para as equipes
Unidades de trabalho por tarefas	Atividades de ponta que agregam valor
Foco no trabalho segmentado	Alinhamento interfuncional
Centrada em controles	Tomada de decisão e gerenciamento próprios
Não faz parte das minhas atribuições	Como poderemos fazer isso?
Estável e previsível	Dinâmica e instrutiva

Sabemos, portanto, que a estrutura de uma organização é composta por equipes que se articulam em todos os sentidos. Além do entendimento dito espacial, a modelagem de trabalho colaborativo em equipes também se refere às comunidades de aprendizagem, equipes virtuais, grupos eventuais de trabalho, projetos e todas as outras formas associativas, cada uma com determinadas características próprias, mas comuns em essência.

Para delimitar o alcance das intervenções, o próximo passo é, evidentemente, definir o que é uma equipe de alto desempenho. Os sete fatores a seguir a justificam, desde que integrados, não bastando, portanto, ter apenas um ou vários deles:

- número limitado de componentes;
- níveis adequados de habilidades complementares;
- propósito significativo;
- objetivos específicos;
- regras claras;
- responsabilidade mútua;
- compromisso pessoal mútuo.

Não basta, porém, conhecer a importância da equipe na estrutura e nem as características que a compõem. Como estamos falando em gestão de pessoas, voltamos à questão de que não se aprende a trabalhar em equipe apenas por ouvido. É preciso saber ler a partitura. Em termos práticos, sabemos que há pessoas que têm mais e outras que têm menos facilidade em trabalhar com outros. Um exemplo é o técnico, que tem um forte compromisso com a sua tarefa e quer vê-la realizada quase que à perfeição, preferindo até trabalhar sozinho. Outro é o generalista, que depende de outros para ter sua missão cumprida. Não consegue trabalhar sozinho. Quando ambos estão reunidos em uma equipe, é fundamental que compartilhem algumas competências, caso contrário teremos um simples enfileiramento de atividades sem qualquer sinergia. Vejamos, então, quais os conhecimentos, habilidades e atitudes que procuramos em nossos personagens:

- ter facilidade para trabalhar de forma cooperativa com outras pessoas;

- comunicar-se de forma adequada e inspirar confiança nos outros, produzindo impressão positiva no grupo;
- agir de acordo com os objetivos, necessidades e prioridades da equipe;
- comprometer-se com os resultados esperados da equipe e compartilhar tanto os erros quanto os acertos;
- contribuir com o seu conhecimento, experiência e trabalho para o esforço coletivo;
- respeitar e estimular a participação e contribuição dos outros;
- ajudar na identificação e implantação de processos eficazes de trabalho e buscar sinergia a partir das diferenças individuais.

Quando falamos sobre a *visão sistêmica* essencial ao trabalho de um consultor, pensamos na integração das três definições já apontadas neste capítulo, isto é, observá-las em cadeia, para que possamos perceber as influências mútuas. Se uma organização não preza, em absoluto, os valores e os princípios do trabalho em equipe, cabe ao consultor ter isso em mente antes de recomendar uma intervenção no fortalecimento de equipe.

O repertório de intervenções na unidade equipe também é variado, conforme a necessidade, e nem sempre é voltado para sua redefinição estrutural-comportamental. Quando se pretende atingir objetivos específicos e localizados em uma equipe como, por exemplo, solucionar um problema situacional e mais voltado à tarefa, são usados processos como, entre outros, grupos focais, *action learning*, levantamento de necessidades, simulações, análise de desempenho, administração de conflitos, sistema de informações, organização de reuniões e aprendizagem em equipe.

Consideremos, no entanto, as necessidades de uma equipe clássica familiar, isto é, composta por um chefe que coordena o trabalho de um grupo de subordinados. Você está envolvido na missão de torná-la mais eficiente e eficaz como equipe. Uma vez que você já teve reuniões com o gerente e assegurou-se de suas motivações positivas, esta sequência de passos pode ser útil:

- sensibilização — apresentação do projeto aos demais membros da equipe;
- elaboração de diagnóstico — entrevistas, leitura de documentos e redação de relatório de consultoria, comparando a situação desejada com a atual. O relatório será apoiado em dois vetores convergentes: os processos fundamentais de trabalho em equipe (planejamento, processo decisório, controles, divisão do trabalho) e os problemas objetivos que a equipe enfrenta (clima, conflitos, liderança). Cobrirá, portanto, aspectos técnicos e comportamentais;
- reunião inicial da equipe para discussão do relatório — a partir daí diversos formatos podem ser utilizados, desde uma imersão até a marcação de reuniões sucessivas, cada uma com um número de horas compatível com a natureza das questões. A definição destes formatos estará baseada no nível de necessidade de integração, envolvimento e formação de comprometimento grupal;
- reuniões de trabalho que definirão uma razoável lista de itens, aqui didaticamente divididos em itens de conteúdo e de processo. Veja-os a seguir.
  - Itens de conteúdo:
    - prioridades e objetivos comuns, incluindo métricas;
    - competências necessárias para atingir os objetivos;
    - defasagens entre o real e o desejado;
    - planos de ação, com responsáveis, prazos e recursos;
    - períodos de revisão e acompanhamento.
  - Itens de processo:
    - visão, missão e valores da equipe;
    - situações que devem ter participação grupal, subgrupal ou individual;

- processos de execução compartilhada e definição de papéis;
- estilos e *feedbacks* pessoais e grupais;
- normas e padrões;
- disposição para assumir compromisso (contrato psicológico).

Aspecto de suma importância refere-se à participação do gerente da equipe, cliente e *dono* do processo. É quem conduz as reuniões, com a facilitação do consultor. Para melhor compreendermos o seu papel, é bom saber que ele pertence naturalmente a duas equipes: a que coordena e aquela na qual é subordinado de uma autoridade superior. Sob este enfoque, funciona como um elo entre duas unidades organizacionais, cabendo-lhe diminuir o espaço existente entre elas.

Se quisermos ser mais precisos com relação à hierarquia, vejamos, no quadro 3, quais as competências esperadas de um(a) líder de equipe, distintas das que se espera de alguém que é apenas um membro da equipe.

Quadro 3

Competências de um líder para o trabalho em equipe

- Capacidade de organizar, coordenar, conduzir e provocar a motivação de pessoas em torno de objetivos comuns.
- Saber atribuir responsabilidades.
- Expor as pessoas a situações que lhes permita crescer pessoal e profissionalmente.
- Saber criar e manter um ambiente agradável e estimulante de trabalho.
- Incentivar relacionamentos baseados na confiança e cooperação entre os membros da equipe.
- Saber administrar conflitos interpessoais e situações de tensão na equipe.

Como já sugerido, as mais modernas formas da divisão do trabalho partem do princípio de que existem objetivos superiores às conveniências ou às competências de cada unidade. Quem é líder de uma equipe, amanhã será também membro de outra. As competências de liderança precisam, portanto, estar distribuídas entre os diversos níveis, pois todos tendem a ser igualmente líderes de equipes e liderados. Eis por que dominar este atributo é fundamental, nas organizações modernas, razão pela qual a liderança deve ser estimulada pelos que dão suporte aos gestores de pessoas.

Coaching

Em primeiro lugar, é preciso clarificar que *coaching* não é treinamento, no sentido do adestramento de habilidades rumo ao desempenho de padrões claros e específicos, da observância de regras e critérios definidos de comportamento técnico no trabalho.

Coaching tampouco se refere ao modismo que costuma reduzir seu entendimento ao mero treinador pessoal, o *personal trainer* de executivos ou algo assemelhado. *Coaching* diz respeito a um processo de desenvolvimento humano, de equipes verdadeiramente comprometidas com resultados agregados. Supõe orientação personalizada ao contemplar as habilidades, as competências individuais, assim como as características de personalidade dos indivíduos e suas interações nas equipes de alto desempenho.

Coaching compreende também um trabalho de dinamização, de energização das pessoas, estimulando sua participação nas decisões, seu envolvimento com os objetivos e metas dos grupos. Deve buscar, mediante a preparação de lideranças, o compromisso com o desenvolvimento de cada aprendiz, de cada sujeito, e não apenas a consecução de resultados de trabalho.

Logo, o leitor poderá perceber que, longe de qualquer modismo circunstancial, consideradas as mudanças fundamentais pelas quais o mundo do trabalho passa diariamente, o *coaching* pressupõe uma nova perspectiva do desenvolvimento humano, permanente, rumo à excelência, devendo fazer parte das competências essenciais de qualquer líder que se pretenda sintonizado com os desafios e oportunidades do mundo de negócios.

Como uma modalidade de relacionamento, de abordagem do desenvolvimento humano mais especificamente pensada no domínio das organizações, o *coaching* poderá contemplar, pelo menos, um consultor e um aprendiz, um consultor e vários aprendizes, um consultor e uma equipe de aprendizes, e assim por diante.

Consultoria compreendida na esteira desta abordagem, tão cara aos desafios e às necessidades da organização de aprendizagem contemporânea, implicará uma postura de *coach* deste consultor com relação ao compromisso pleno com o desenvolvimento profissional, organizacional e humano de uma equipe de aprendizes, de um cliente especial, para o qual convergirão os esforços técnicos e humanos do consultor.

Evidente é que a própria transferência de tecnologia, no que se refere à compreensão e à prática supervisionada dos conceitos de *coaching* para gerentes, ou mesmo para equipes de *trainees*, poderá constituir-se no alvo primário da própria consultoria especializada para gestores de pessoas, para consultores internos, ou para os próprios especialistas em desenvolvimento de competências eventualmente existentes em determinada organização.

Tal modalidade funcionaria como se o consultor externo desenvolvesse multiplicadores, novos *coaches*, para que estes assumam um programa de desenvolvimento interno na organização, levando o conceito e a prática do *coaching* a todos os níveis desejados da arquitetura organizacional.

Outra forma de atuação em consultoria de *coaching* poderá referir-se a uma intervenção mais direta do consultor *coach* ao atender, orientar, desenvolver e participar ativamente de parcerias estratégicas com executivos, *trainees* e equipes de alto desempenho, assumindo a responsabilidade e o compromisso pelo desenvolvimento destes clientes, durante determinado período ou mesmo rumo a metas previamente definidas no âmbito dos negócios.

Os *coaches* devem estar compromissados com o aconselhamento, o estímulo e o apoio às pessoas no que se refere às decisões que têm de tomar em suas carreiras, em suas escolhas de treinamento e desenvolvimento, em sua autoimagem na organização e até mesmo nas reflexões estimulantes sobre sua rede de relacionamentos, o chamado *networking,* atualmente em voga nas organizações mais competitivas.

O consultor, na qualidade de *coach* — é importante destacar para você, leitor —, não é alguém apenas preocupado com as competências agregadas das pessoas rumo às metas, aos resultados organizacionais, assim tomados como razão precípua de sua contratação, como, aliás, poderia perfeitamente ocorrer quando de outra abordagem de consultoria bem mais prescritiva.

Aqui, nosso consultor estará voltado para o desenvolvimento de talentos, de competências, de prazerosos relacionamentos, de bem-estar, de sucesso, mas, sobretudo, para o fortalecimento da autoestima dos empregados. Existe preocupação com estratégia de negócios, com carreiras, com resultados, mas na justa medida do desenvolvimento humano, sem dissociar uma coisa da outra.

Enriquecendo nossa percepção acerca de *coaching* e, ao mesmo tempo, fazendo a síntese das funções essenciais desta abordagem de consultoria, buscamos o pensamento de Austin (1998). Ele afirma que existem algumas condições proporcionadas pelo *coaching* para que as pessoas:

- adotem e assumam seu papel nos processos de mudança, hoje inevitáveis e, sobretudo, desejáveis para aperfeiçoamento contínuo dos processos;
- aprendam a conviver com as incertezas que parecem caracterizar os cenários contemporâneos, ao mesmo tempo que buscam desenvolver uma perspectiva mais rica, mais plural para seu encarreiramento nas organizações;
- assimilem a necessidade de ampliar sua rede de relacionamentos, aumentando a efetividade e a qualidade de seus vínculos;
- aprendam a aprender, sintonizando e aproveitando todas as oportunidades disponíveis para tanto;
- atualizem-se, sempre que possível, nas tecnologias que atravessem sua carreira e seu negócio e que signifiquem oportunidades para o aperfeiçoamento do desempenho, buscando contribuir de forma significativa para a vantagem competitiva das empresas;
- mudem suas expectativas em relação ao papel e características do chamado emprego tradicional, buscando alternativas flexíveis e criativas de trabalho e novas relações de trabalho, podendo vir a substituir a supervisão laborativa mais tradicional.

Assim, como você, leitor, poderá agora perceber, consultoria constitui-se em uma rede de possibilidades e de ferramentas. Quando a abordagem do *coaching* entra em cena, ganha-se, com certeza, uma dimensão mais humana, mais intimista ao processo e à parceria estratégica e educativa do consultor para com seu cliente.

Conclusão

Você teve a oportunidade de acompanhar, ao longo deste livro, uma visão moderna da consultoria em gestão de pessoas. Como visto, dificilmente qualquer outra área de atividade organizacional e gerencial mudou tanto nos últimos anos quanto a gestão de pessoas.

Executivos e gerentes foram instados a incluir, em definitivo, a questão humana em suas responsabilidades.

A área de recursos humanos precisou se redesenhar, tanto em forma quanto em atitude, para entender e atender as novas demandas de seus clientes.

Os consultores, externos e internos, empenharam-se em rever suas intervenções, para dar suporte aos esforços de mudança, em vez de concentrarem-se na prescrição sobre o que fazer e no fornecimento direto de produtos acabados.

No centro deste novo mundo está o gestor de pessoas, acionado e pressionado para apresentar resultados de qualidade superior, contando com recursos sempre limitados, inclusive no que se refere a seu capital mais importante: o humano.

Os componentes clássicos da equação de gestão de pessoas precisam ser vistos com nova ótica. Cada decisão envolve uma diversidade de fatores requerendo, ao mesmo tempo, agilidade e autonomia gerencial e, cumulativamente, o alinhamento a estratégias e políticas coerentes, comuns a todos na organização.

É por isso que há necessidade de maior convergência entre a atenção ao ser humano e aos sistemas humanos em sua dimensão organizacional. O gestor vive em um território mais delimitado, já que precisa gerar produtividade em sua área de resultados. Nem sempre suas demandas são as que a organização pode atender. Às vezes, seus interesses imediatos são conflitantes com outros mais amplos. Outras vezes, sua leitura pode estar equivocada e o que quer não é o que precisa ser feito. O consultor, por sua vez, possuindo visão sistêmica e conhecimento de uma realidade mais ampla, tem a obrigação de ajudar o gestor a unir as várias pontas de sua realidade e produzir excelência.

Longe vai o tempo em que "problemas com pessoas são com o departamento de pessoal". As organizações líderes e inovadoras estão conscientes de que não basta uma sensibilização didática quanto ao primado da contribuição humana qualificada, reconhecida e comprometida. A razão de ser da consultoria está exatamente em facilitar o gestor na integração entre discurso e prática, na transformação de potenciais em performance, na viabilização dos estados desejados, na instrumentação de processos inteligentes, na eliminação dos espaços vazios e na liderança de pessoas e grupos.

Este livro faz parte de uma coletânea publicada para dar apoio a estudantes e a profissionais de gestão de pessoas. Nossas ideias, experiências e proposições foram elaboradas a partir de uma simples premissa de valor: gerenciar bem pessoas dá resultado.

Referências

AMERICAN SOCIETY FOR TRAINING AND DEVELOPMENT (ASTD). *The info-line guide to performance*. Alexandria, Va: ASTD, 2001.

ARAUJO, Luis César G. de. *Organização, sistemas e métodos*. São Paulo: Atlas, 2001.

ARGYRIS, Chris. *Intervention theory and method* — a behaviorial science view. Reading: Addison-Wesley, 1970.

AUSTIN, W. Jan. *Corporate coach and principal:* potential at work. New York: Rochester, 1998.

BLAKE, Robert R.; MOUTON, Jane S. *Corporate excellence through grid organization development*. 3rd. printing. Houston, Tx: Gulf , 1971.

BLOCK, Peter. *Consultoria:* o desafio da liberdade. São Paulo: Pearson Education do Brasil, 2004.

BRECKER, Brian E.; HUSELID, Mark A.; ULRICH, Dave. *Gestão estratégica de pessoas com* scorecard. Rio de Janeiro: Elsevier, 2001.

CERQUEIRA NETO, Edgard Pereira. *A reunião do dia D* — mobilizando para o futuro. [s.l.]: Bookmark, 1996.

CERTIFIED INSTITUE OF PERSONNELL DEVELOPMENT (CIPD). *The role of front line managers in HR*. April 2008. Disponível em: <www.cipd.co.uk/subjects/maneco/general/frontlinemngers?cssversion =printa>. Acesso em: 30 ago. 2008.

COPE, Mick. *The seven Cs of consulting*. Harlow: Pearson Education Limited, 2003.

CURY, Antonio. *Organização e métodos* — uma visão holística. São Paulo: Atlas, 1995.

GALLOS, Joan V. (Ed.). *Organization development:* a Jossey-Bass reader. San Francisco, Ca: John Wiley & Sons, 2006.

GREEN, Marnie E. Internal human resources consulting: why doesn't your staff get it? *Public Personnel Management*, v. 31, Spring 2002.

KAPLAN, Robert; Norton, David. *A estratégia em ação*: balanced scorecard. Rio de Janeiro: Campus, 1997a.

______; ______. *A organização orientada para a estratégia*. Rio de Janeiro: Campus, 1997b.

______; ______. *Kaplan e Norton na prática*. Rio de Janeiro: Campus, 2004.

KATZENBACH, Jon R.; SMITH, Douglas K. *The wisdom of teams*: creating the high-performance organization. Boston, Ma: Harvard Business School Press, 1993.

KEELLING, Ralph. *Gestão de projetos* — uma abordagem global. São Paulo: Saraiva, 2002.

KOTTER, John P. *As novas regras*. Tradução. José Carlos Barbosa dos Santos. São Paulo: Makron Books, 1996.

KUBR, M. *Consultoria* — um guia para profissão. Genebra: Repartição Internacional do Trabalho; Rio de Janeiro: Interamericana, 1980.

LANGDON, Danny G.; WHITESIDE, Kathleen S.; McKENA, Monica M. *Intervention resource guide*: 50 performance technology tools. San Francisco, Ca: Jossey-Bass/Pfeiffer, 1999.

MENEZES, Luis César de Moura. *Gestão de projetos*. [s.l.]: Atlas, 2003.

MORIN, Estelle; ARANHA, Francisco; CARVALHO, Ricardo; DIEGUES, Sonia; SANT'ANNA Anderson. Os sentidos do trabalho, a saúde das pessoas e a performance das empresas. *DOM*, Belo Horizonte, ano II, n. 4, nov. 2007/fev. 2008.

OLSON, Edwin E.; EOYANG, Glend H. *Facilitating organization change*. San Francisico: Jossey-Bass/Pfeiffer, 2001.

PRAHALAD, C. K.; RAMASWAMY, Venkat. *O futuro da competição*: como desenvolver diferenciais inovadores em parceria com os clientes. Rio de Janeiro: Elsiever, 2004.

ROFFEY PARK INSTITUTE. *Research report*: organization fails to gain true values from internal consultants. Disponível em: <www.linkageinc.com>. Acesso em: 15 dez. 2004.

ROTHWELL, Wiliam J. *Human performance improvement*: building practitioner competence. Houston, Tx: Gulf, 2000.

RUMMLER, Geary A.; BRACHE, Alan P. *Improving performance*: how to manage the white space in the organization chart. 2. ed. San Francisco, Ca: Jossey-Bass, 1995.

SCHEIN, Edgar H. *Guia de sobrevivência da cultura corporativa*. 2. ed. Rio de Janeiro: José Olympio, 2007.

SENGE, Peter M. Quinta disciplina. São Paulo: Best Seller, 1998.

SERRA, Fernando; TORRES, Maria Cândida S.; TORRES, Alexandre. *Administração estratégica* — conceitos, roteiro prático e casos. Rio de Janeiro: Reichmann e Affonso, 2004.

ULRICH, Dave; BROCKBANK, Wayne; JOHNSON, Dani; SANDHOLTZ, Kurt; YOUNGER, Jon. *HR Competencies* — mastery at the intersection of people and business. Alexandria, Va: Society for Human Resource Management, 2008.

VERGARA, Sylvia Constant. *Gestão de pessoas*. 6. ed. São Paulo: Atlas, 2007.

Os autores

Luiz Augusto Mattana da Costa Leite

Graduado em administração pela Ebape/FGV, é diretor da Change Consultoria de Organização. Foi o principal executivo de recursos humanos da Coca-Cola, do Grupo Braspar e da Vulcan Material Plástico, e diretor da Fesp-RJ e da CL&B Consultoria. Foi eleito profissional de RH do ano pela ABRH-RJ. Coordenou o comitê temático do Congresso Mundial de RH da WFPMA e é coordenador do comitê de criação do Conarh — ABRH Nacional. É vice-presidente do Instituto Brasileiro de Consultores de Organização (IBCO) e CMC (*certified management consultant*) pelo International Council of Management Consulting Institutes (ICMCI). É professor convidado do FGV Management.

Iêda Vecchioni Carvalho

Mestre em ciências humanas e sociais pela UFRJ, pós-graduada em gestão de recursos humanos pela FGV e psicóloga pela UFRJ. Professora convidada dos cursos MBA em Gestão de Recursos Humanos, Gestão Empresarial e Qualidade e Produtividade, bem como do Cademp/FGV. Palestrante em congressos e seminários. Foi especialista e consultora interna da Xerox do Brasil nas áreas de recursos humanos e qualidade total.

João Luiz Carvalho Rocha de Oliveira

Mestre em administração e desenvolvimento empresarial pela Universidade Estácio de Sá e administrador de empresas. Formado pela Escola Superior de Guerra (ESG) no Curso de Altos Estudos de Política e Estratégia. Consultor organizacional em planejamento estratégico, gestão da qualidade e sistemas de informação. Professor convidado do FGV Management.

Ricardo Henry Dias Rohm

Doutor em administração e mestre em administração pública pela Ebape/FGV, psicólogo e licenciado em psicologia pela UFF. Consultor de empresas e professor universitário. Fez carreira na área de recursos humanos como analista e como executivo. Professor convidado do FGV Management.